나만의 게임을 만들어라

나만의
게임을
만들어라

인맥 재능 배경을
넘어서는
자기 설계의 힘

강형근 지음

흐름출판

빨리 퇴근하라

요즘 세대들에게 나는 화석 같은 존재일 것이다. 지금과 다른 오래전 프로세스로 일했던 사람이라고 할 수 있다. 그러나 나는 30여 년 전 아디다스의 홍보팀원으로 일을 시작해 브랜드 마케터, 브랜드 디렉터, 스타트업계의 최고운영책임자COO를 거쳐 현재는 마케팅 컨설턴트, 강연가의 삶을 살고 있다. 남들이 제2의 인생을 준비할 시점에 나는 여전히 현역이다.

이것이 가능했던 것은 시대의 흐름을 먼저 감지해 변화에 앞서 반 발짝 앞서 나갔기 때문이다. 기존 방식을 고수하지 않고 변화를 자연스럽게 받아들였다. 끌려다니지 않고, 나의 미래를 주도적으로 '설계'하려고 부단히 노력해왔다. 이를 단적으로 설명할 수 있는 나만의 원칙이 하나 있다. 바로 '칼퇴', 일과 시간에 일을 마치고 정시 퇴근하는 것.

스물여섯 살 때 아디다스에 입사해 사회생활을 시작한 이후 조직에 있으면서 내가 반드시 지켰던 원칙이 바로 '정시 퇴근'이다. 인맥도, 배경도, 학벌도 부족하던 나는 일할 시간에 제대로 일하고 퇴근 후 나의 삶을 설계하는 것이 나의 핵심 무기가 될 거라고 믿었고, 그렇게 살아왔다.

경제 성장기, 말만 들어도 옛날 냄새가 나는 1980년대 직장에서 정시 퇴근은 '빨리 퇴근'하는 것이었고 유난스러운, 아니 조금 과장하면 기회를 박탈당할 수도 있는 '짓'이었다. 20세기는 회사에 대한 충성도를 자리에 엉덩이를 붙여두는 시간으로 판단하곤 했다. 하지만 그 판단들은 대부분 오류였다. 오류임을 알면서도 순응하느냐, 정답을 찾아 나만의 길을 가느냐는 순전히 개인의 용기에 달려 있었다. 나는 과감하게 후자를 택했다.

대신 상사들이 나의 정시 퇴근에 불만이나 의문을 품지 않도록 근무 시간에는 몰입했다. 단지 오랫동안 회사에 남아 있는 모습을 보여주려고 퇴근 시간을 열어놓은 채 하루를 굵고 성긴 그물처럼 쓰지 않았다. 출근해서 퇴근하기까지 쫀쫀하고 밀도 있게, 아주 작은 틈도 용납하지 않았다. 회사에 있는 내내 매 순간 집중하고 몰두했다.

일상생활도 마찬가지였다. 퇴근 앞과 뒤, 주말에 나만의 루틴을 만들고 이를 지키려 노력했다. 또한 직장인, 생활인으로서 이루고자 하는 목표를 세우고 90일마다 계속 해야 할 것Keep, 그만 둘 것Stop, 새롭게 도전해야 할 것Start으로 분류하고 이를 실천했다. 이런 과정을 거치면서 집중하고 몰두하는 사람에게 시간은 걸림돌이 되지 않는다는 걸 깨달았다. 그래서 나는 팀장이 된 후에 팀원들에게 항상 '정시 퇴근'할 것을 적극 권유했다(강제하지는 않았다. 사람마다 생각이 다를 수 있으니 말이다). 이 책에는 이런 나만의 자기 설계법이 담겨 있다.

오랜 세월 조직에 몸담고 일하면서, 또 디지털 시대에 젊은 조직에 들어가 새로운 문화를 경험하면서 느낀 것은 자기 혁신이 이 시대 최고의 인적 자원 관리HR라는 것이다. 나는 좀 더 많은 사람들이, 아니 직장을 다니는 모두가 일에 휘둘려 끌려가지 말고, 능동적으로 스스로를 설계하고 변화시켜 나갔으면 한다.

변화무쌍한 시대다. 예측이라는 게 무의미할 정도로 세상은 빠르게 바뀌고 있다. 회사도 구성원들도 어느 쪽도 쉽지 않은 때다. 신입 사원은 신입 사원대로, 팀장은 팀장대로, 또 머지않아 팀장이나 리더가 되어야 하는 사람은 그들 나름대로 이전과 다른 시각으로 접근해야만 한다.

팀장, 신입 사원 할 것 없이 새로운 경험이자 탐험을 하고 있다. 이제 정말 유연해지지 않으면 살아남기 어려운 세상이다. 비대면 등으로 사람을 관리하는 것 자체가 매우 힘들어졌기 때문에 리더십이 더더욱 중요해질 것이다.

일 못지않게 감성지능도 어마어마하게 중요해질 것이다. 스스로를 돌아보고 성찰하면서 공감과 협업을 할 수 있는 사람에게 유리한 세상이다. 인성은 성장에 있어 아주 중요한 원동력이 됐다. 이제 혼자 풀 수 있는 문제는 없다. 같이 풀어 나가야 한다. 인성과 인품을 기본으로 전문성이 더해져야 한다. 다시 한 번 강조하지만 그러기 위해 정시 퇴근을 꼭 사수하기 바란다. 밀도 있는 근무 시간, 몰두와 집중도 기억했으면 한다.

새로움이 가득한 망망대해를 헤엄칠 수 있는 유연함을 갖춰야 한다. 바꿔야 한다는 것에 스트레스를 받지 않고 즐기는 사람만이 살아남는다. 긴장하고 버둥대면서 땅에서 하던 대로 바닥에 발을 대려고 힘을 잔뜩 줬다가는 가라앉기 십상이다. 힘을 빼고 자신의 호흡으로 변화의 물결에 맞춰 유영해야 한다.

내가 만난 MZ세대들은 5F(집중Focused, 신속함Fast, 유연성 Flexible, 친절함Friendly, 재미Fun)에 집중하는 사람들이었다. 재미를 추구하고, 흥미가 있는 것에 몰두하고, 할 만한 가치가 있다고 생각되어야 움직인다. 무겁고 진지하고 따분한 게 아니라 나를 흥분시키고 충분히 즐길 수 있는 것을 일에서도 찾는다. 이것은 그들이 전에 없던 새로운 인류여서가 아니다. 사회 시스템이 이런 방향으로 유도하고 있다. 유연한 사고가 버겁다면 주변 동료들의 말에 귀를 기울이자. 지금 나보다 반 걸음 빨리 세상에 적응한 동료에게 조언을 구하는 것도 좋은 방법이다.

진정한 서퍼들은 질 좋은 파도만 기다리지 않는다. 파도는 예측할 수 없이 밀려온다. 마음에 쏙 드는 파도가 다가오길 기다리는 건 미련한 일이다. 그들은 어떤 파도라도 받아들이고 즐긴다. 개인이 서퍼라면 기업은 변화 속에 놓여 있는 바다 위의 배다. 기업의 규모에 따라 길게 항해할 수 있는 큰 배일 수도 있고, 계속 위험을 감수해야 하는 작은 배일 수도 있다. 코로나 팬데믹과 뒤이은 경제위기라는 거대한 파도 앞에서 서퍼뿐만 아니라 모든 배가 위험에 처한 형국이다. 지난 3년 동안 일부 혁신 기업, 테크 기업, 온라인 기업을 제외하고는 큰 성장을 이루지 못했다. 그나마 다행인 것은 파도에 흔들렸지만 무너지지 않았다. 이는 개인도 마찬가지다.

그런데 무엇을 시작하고 실패했는지보다 더 큰 문제는 파도가 몰려오는 데도 아무것도 시작하지 않는 것이다. 예측할 수 없는 시대라고 엔진을 끄고 가만히 멈춰 있지 말고 물살과 바람의 도움을 받아 움직여야 한다. 자꾸 뛰어들어 움직이면서 기회를 포착해야 한다. "준비된 자가 기회를 잡는다"는 말은 흔해 빠진 표현이지만, 그 속에 숨어 있는 진리는 결코 가벼운 게 아니다.

회사는 백이면 백 모든 구성원에게 기회를 공평하게 주지 못한다. 당연한 이야기다. 하지만 준비가 되어 있다면, 기회를 주지 않을 이유가 없다. 그것이 조직의 생리다. 선택은 본인이 해야 한다. 준비가 되어 있지 않아 기회를 잡지 못했다고 한탄만 하고 있어서는 안 된다. 운이 좋아 노력 없이 기회를 잡았다면 변화가 닥칠 때마다 슬럼프를 경험하게 될 수도 있다. 모든 것은 그냥 이뤄지지 않는다. 약간의 운이 작용할 수도 있지만, 요행은 없다. 운도 준비된 사람에게 더 많이 작용한다. 직장 생활을 하면서 느낀 것 중 하나가 압축 성장은 존재하지 않는다는 것이다. 겪을 것을 다 겪고 준비하면서 기회가 오기까지 인내심을 가지고 기다려야 문제없이 성장할 수 있다. 그러니 지금 당장 기회가 오지 않았다고 낙담할 필요 없다.

이 책을 읽고 있는 젊은 독자들은 현재 대한민국에서 가장 훌륭한 스펙을 가진 똑똑한 세대다. 새로운 기술과 혁신적인 아이디어를 가진 젊은 리더들이 쏟아져 나오고 있다. 당신도 주인공이 될 수 있다. 뭐든 틀에 가두지 말고, 스스로를 누군가가 규정하도록 두지 말고, 자기 자신이 제일 잘할 수 있는 것, 제일 재미있게 할 수 있는 것들을 찾아내는 시간을 많이 가진다면 반드시 가능할 것이다.

17살의 손흥민을 기억한다. 크게 주목받지 못했던, 그러나 기회를 잡기 위해 하루도 빼놓지 않고 혹독한 훈련을 하며 준비하던 소년이었다. 그와 후원 계약을 하면서 나는 당연히 그가 잘되기를 바랐지만 한편으론 크게 기대하지 않았다. 잘될 수도 있지만 안 되기도 쉬운 나이였고 환경이었다. 그러나 그는 지금 세계적인 선수로 우뚝 서 있다. 나의 예측은 반은 맞고 반은 틀린 셈이다. 자신의 삶을 정답으로 만드는 건 스스로에게 달려 있다. 남의 평가에 휘둘릴 필요는 없다.

성급하게 결정하지도 말자. 나는 누구인지, 어떤 삶을 살고 싶은지, 누구와 함께 하고 싶은지 질문하고 설계해야 한다. 설계도가 충실한 건물은 지진에도 쓰러지지 않는다. 불확실한 시대, 망망대해 속에서 길을 찾는 여러분에게 나의 경험들이 작고 희미한 불빛이 되길, 부드럽게 등을 밀어주는 바람이 되길 희망한다.

마지막으로 인생의 깃발이자 버팀목이 되어주신 아버지 강장호 님과 어머니 박순덕 님에게 이 책을 바친다. 가장 소중한 친구이자 조언자인 사랑하는 아내 미경과 우리 인생의 보물 다연, 태연에게도 고마움을 전한다.

강형근

2장. 골대는 움직이지 않는다

The goal post never moves

핵심 인재가 되는 단계별 성장법

3장. 기준을 높여라

Raise the Bar

계획만 하고 망설이는 이들을 위한 셀프 리더십

4장. 나의 습관이 나의 내일을 결정한다 ──

Strength comes from endless Routine

5년 후 당신을 바꿔놓을 작은 습관들

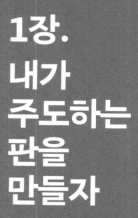

1장.
내가
주도하는
판을
만들자

Create
your own game

인맥, 재능, 환경보다
중요한 자기 설계의 기술

Intro

화살은 일직선으로 날지 않는다. 그래서 양궁 선수들은 활을 쏠 때 정중앙의 노란 원을 조준하지 않는다. 화살은 궁수의 손가락을 타고 포물선을 그리며 날아간다. 시위를 떠나는 순간, 빠르게 속도를 내고 조금 주춤하는 듯하다가 마침내 최고 속도로 과녁에 꽂힌다. 궁수는 이를 전부 계산해서 활을 쏜다. 삶도 마찬가지다. 주변에서 불어오는 바람의 세기를 가늠해 속도와 방향을 찾아 나가야 한다. 그래야 원하는 삶에 명중해 들어갈 수 있다.

바람의 세기를 가늠하는 것보다 더 중요한 것이 있다. 시위를 놓는 일이다. 과녁이 너무 멀리 떨어져 있다고, 바람이 너무 세다고, 목표점이 흐릿하다고 쏴야 할 때 망설여선 안 된다. 실패해도 괜찮다는 마음으로 활에 화살을 얹어 있는 힘껏 쏘는 용기가 명궁수의 첫 번째 조건이다.

주변의 소음에 마음 쓰지 말자. 나에게 집중하자. 나를 믿어야 한다. 그리고 나의 역량과 의지를 화살에 얹어 힘껏 당기자. 도달하는 길에 흔들리고 방향을 잡지 못하더라도 일단 하려는 일에 덤벼보는 것. 모든 일의 시작이다.

나는 누구인가

"제가 무엇을 잘할 수 있을까요?"

미국에서 고등학교와 대학교를 마치고 영국에서 미술사 공부를 한 청년과 면담을 하게 됐다. 지인의 자녀로 어린 시절부터 종종 멘토링을 해주던 친구였다. 지금은 전공을 살려 작지만 제법 탄탄한 갤러리에서 큐레이터로 일하고 있다. 그런데 요즘 들어 부쩍 불안하다고 했다.

"이직도 생각해보고 전직도 생각해봤어요. 스카우트 제안도 있었고요."

"이직이나 전직을 생각한 이유가 있어요?"

"작은 회사다 보니 인력이 충분하지 않아서 야근이 좀 잦아요. 책임감이 강한 편이라 일을 찾아 하다 보니 일을 좀 많이 하게 되기도 하고요. 과부하가 걸려도 맡은 일을 완수해야 한다는 부담감과 책임감 때문에 일단 열심히 하는데, 이게 과연 저에게 도움이 되는 건지 요즘은 잘 모르겠어요."

"일 자체는 재미있고요?"

"그것도 고민입니다. 직장 생활을 무리 없이 하고는 있는데 이게 과연 제게 맞는 건가 계속 확인하게 돼요. 학교에서 공부하고 연구하는 게 적성에 더 맞는데 직장 생활이 나의 길이라고 너무 빨리 결론 내린 건 아닌지 불안하기도 해요."

"아직 사회 초년생이니 여러 생각이 들 거예요. 무엇보다 먼저 생각해야 할 건 변화가 필요한 이유예요. 이직이든 전직이든 타당한 이유가 있어야 해요. 막연한 불안감에 쫓기듯 선택하는 건 안 돼요. 혹시 장기적인 커리어 비전은 생각해봤어요?"

"구체적으로 생각해보지 않았어요."

"장기 비전을 설계해봐요. 나도 20대 때 같은 고민을 했었어요. 내가 어떤 사람인지, 무엇을 잘할 수 있는지 찬찬히 들여다보면 어느 정도 답이 나올 거예요. 장기적인 안목으로 봤을 때 지금 경험하는 일들이 경험 자본으로 치환될 수 있다면 회사에 남아 있는 게 맞아요. 회사를 다니면서도 충분히 미래를 준비할 수 있어요. 퇴근하고 대학원에 다니면서 디지털 기술과 예술을 접목한 NFT 공부를 하거나 그곳에서 미래 산업을 배우려는 사람들과 관계를 쌓아보는 것은 어때요? 3년 정도 공부하며 학위를 취득한 뒤 그때 가서 이직이나 전직을 고민하는 것도 방법이에요. 기회의 문을 너무 일찍 열 필요는 없어요. 조급해하지 말고 가장 좋은 순간에 기회를 잡도록 해요."

"네, 그런 방향으로 한번 고민해보겠습니다. 공부할 나이에 공부하고 취직할 나이에 취직하면 고민이 끝날 줄 알았어요. 그런데 폭풍처럼 새로운 걱정들이 밀려들더라고요. 과연 이게 내 일인가? 이것이 내가 진짜 원하는 삶이었나? 나는 뭘 잘하는 사람이었지? 여러 생각이 머릿속에 맴돌고 그렇게 고민하다 보면 조급한 마음이 들어요."

편안하게 만난 자리였지만 찻잔을 꼭 쥔 두 손에서 긴장감이 느껴졌다. 덥석 손을 잡아주고 싶었다. 고민의 끝에 고민을 만났다는 그가 안쓰러웠고, 한편으로 계속해서 스스로에게 질문을 던지는 모습이 좋아 보였다.

"가장 걱정되는 게 뭐예요? 내 나이가 되면 그런 생각을 해요. 젊다는 건 그 자체로 좋은 거다. 마음껏 누려야 할 때인데 그런 시절을 둔탁하고 흐릿하게 하는 것들은 무엇일까요?"

"제가 서 있는 자리에 대한 불확실함이 제일 커요. 무엇보다 나에 대한 믿음이 점점 사라져가요. 똑같이 공부했는데 누구는 다들 알아주는 직장에서 높은 연봉과 보너스를 받고 있고, 누구는 블록체인, 인공지능, OTT 같은 주목받는 분야에서 일을 하고 있어요. 투자를 잘해서 벌써 경제적인 입지를 다진 친구들도 있고요. 나는 왜 저 대열에 끼지 못할까, 이렇게 살다가 영영 기회를 놓치는 건 아닐까 걱정돼요. 이렇게 고민만 하면서 그냥 시간을 흘려 보내는 것 같아 힘들고 괴롭네요."

"충분히 고민할 만한 지점이네요. 사실 내게도 정답은 없어요. 사람마다 답이 다를 수밖에 없으니까요. 지금의 결핍을 내 말 몇 마디, 내 성공 팁 몇 가지로 채워줄 수 있을 거라고는 생각하지 않아요. 그건 불가능한 일이에요. 다만 딱 한마디 조언하자면 적어도 5년 정도 직장 생활을 하면서 지식과 실무가 어느 정도 겸비됐을 때, 자기 적성과 기질에 맞는 방향을 선택하는 게 좋을 거 같아요. 지금 당장 서두르지 말고 내가 누구인지, 내 장점이 무엇인지 고민하는 시간을 가져봐요."

나만의 게임을 만들어라

'나는 대체 뭘 잘할 수 있을까?' 어느 시대, 어느 세대를 막론하고 모두가 갖고 있는 숙제 같은 질문이다. 나 또한 그 답을 찾지 못해 답답했던 시절이 있었다.

인간은 제각각이게 마련인데, 안타깝게도 우리는 답이 정해져 있다고 배워왔다. 그래서 그 답에 내가 맞지 않으면 불안하고 힘들어한다. 내가 해줄 수 있는 말은 진부하지만, 세상에 정해진 답은 없으며 그래도 답을 찾는다면 바로 자신의 내면에서 찾아야 한다는 것이다.

아디다스 코리아에서 브랜드 총괄을 맡고 있던 2015년 '스포츠15'라는 캠페인을 전개한 적이 있다. 스포츠에 존재하는 모든 순간은 선수 본인과 자신의 팀을 위해 새로운 것을 만들어내고 스스로를 보여줄 수 있는 기회라는 메시지를 담은 캠페인이었다.

캠페인의 일환으로 당시 세계 최고의 축구 스타 가레스 베일, 하메스 로드리게스, 리오넬 메시, 토마스 뮐러, 메수트 외질, 그리고 농구 스타 리키 루비오 등이 출연하는 영상을 만들었다. 자신의 업業에서 일가를 이룬 이 선수들은 모두 한 가지 메시지를 강조했다. 자신들의 경기를 보는 팬의 입장에 머무르지 말고 자신의 업을 찾아 자신만의 길을 창조하고, 그것을 위해 어떤 장애물이라도 뛰어넘으라는 것. '스포츠15' 캠페인 첫 문을 연 이 영상의 제목은 '나만의 게임을 만들어라CREATE YOUR OWN GAME'이다.

세상의 기준 앞에 기죽어서 "나는 대체 뭘 할 수 있을까요?"라고 질문하는 이들에게 나는 이렇게 말하고 싶다. "세상에 덤벼라! 너만의 게임을 만들어라!" 치트키 같은 정답은 존재하지 않는다.

축구계의 전설 데이비드 베컴에게 어떻게 그렇게 공을 자유자재로 다룰 수 있냐고 물은 적이 있다. 그의 답은 매일 2000번씩 슈팅 연습을 한다는 것. 그 슈팅 중 상당수가 목적한 곳에서 벗어나지만 그래도 매일 연습을 거르지 않는 것이 자신의 비결이라고 했다. 우리도 2000번의 슈팅 같은 무언가를 해야 할까? 그렇지 않다. 여기서 중요한 것은 실패해도 털어내고 자신이 맞다고 생각하는 방향으로 매일매일 나아가는 용기와 자신에 대한 믿음이다.

세상은 급변하고 있다. 과거의 기준이 더 이상 그 가치를 인정받지 못하고, 과거의 탄탄대로가 먼지 쌓인 흙길로 바뀌기도 한다. 있던 것이 사라지고 없던 것이 생겨나는 대변혁의 시대다. 반듯하게 놓여 있던 이정표가 뒤죽박죽 엉망이 되었지만 갈 곳을 잃었다기보다 새로운 길을 개척할 수 있는 기회라고 생각해야 한다.

쫓기듯 결정하지 말 것!

나는 1965년 생이다. 우리 세대는 선배의 길을 따라가는 것이 정석이었다. 세상이 정해놓은 신호등의 리듬에 맞춰 섰다 달리기를 반복하며 나아가는 것이 잘 사는 길이었다. 그러나 나는 그렇게 하지 못했다(안 한 것이 아니라 못 했다. 고등학교 시절 내내 공부는 던져두고 산으로 들로 놀러 다녔으니 부모님 속이 얼마나 타셨겠나). 다만 막연하게나마 꿈이 있었다면 '전문 경영인'이 되는 것이었다. 평생 사업을 하신 아버지의 영향이 컸다. 모든 사업가들이 그렇듯 아버지의 사업은 부침의 연속이었다. 힘들게 회사를 꾸려 나가는 아버지를 보며 한편으론 나도 사업을 하고 싶었지만 한편으론 안정적인 삶을 살고 싶었다. 그 타협점이 당시에는 이름도 생소한 전문 경영인이었다. 중학생 시절 일기장에도 썼다. '미래에 나는 꼭 전문 경영인이 되어야지'라고. 이런 내가 경영학과에 진학한 것은 어쩌면 자연스러운 일이었다.

고향의 대학에 진학했지만 특별히 생활이 달라지진 않았다. 정신을 차려보니 어디로 가야 하나 두리번거리는 어른이 되어 있었다. 3학년이 되자 그제야 이렇게 있어서는 안 되겠다는 생각이 들었다. 경영학과를 졸업해도 나만의 주특기가 없으면 경쟁력을 갖추기 어려울 거라는 생각이 들었다. 그래서 나름의 경쟁력을 갖추려고 영어 공부에 매진했다. 일단 언어 능력을 갖춰 놓자는 생각이었다. 어느 날, 영어를 배우러 다니다가 만난 구태본이란 친구가 이런 이야기를 했다.

"형근아, 요즘 광고 영역이 뜨고 있다는데 그쪽을 공부해보는 건 어때?"

"광고? 한 번도 생각해보지 않았는데, 내가 잘할 수 있을까?"

"너 호기심도 많고, 여기저기 다니면서 경험도 많이 쌓았잖아. 광고는 창의적인 사람들에게 잘 맞는다더라. 너라면 충분히 잘 할 것 같은데?"

27

지나가듯 툭 던진 친구의 말이 탁 하고 마음에 걸려들었다. 그때부터 광고 회사에 들어가려면 어떻게 해야 하나 찾아보기 시작했다. 광고인, 카피라이터 같은 용어가 대중적으로 알려지지 않았던 시대였지만, 새롭게 부상하는 새로운 직업이라는 것이 오히려 매력으로 다가왔다.

제품을 세상에 알리는 일이고 창의성과 새로운 감각, 세상의 변화에 적극적인 시각이 있어야 유리한 일이라는 것도 매력적이었다. 새로운 것을 좋아하고, 선후배들과 잘 협업하는 내 성격과도 맞아 보였다. 광고에 대해 배우면 전문 경영인이 갖춰야 할 마케팅, 홍보 기술을 익힐 수 있을 것 같았다. 남들이 알아채기 전에 미리 준비해보자. 그런 마음이 컸다.

그런데 막상 광고를 공부하려니 막막했다. 요즘처럼 인터넷에 정보가 넘쳐나던 시절이 아니었다. 광고 관련 학과로 전과하기에는 이미 늦은 3학년이었다. 당시 광고계에 입문할 수 있는 일반적인 방법은 언론홍보학이나 신문방송학을 전공하는 것이었고, 그나마 서울에 소재한 주요 대학 관련 학과생들에게 유리한 구조였다. 수소문 끝에 한국방송광고공사 교육원에 예비 광고인 과정이 있다는 것을 알게 됐다. 광고 인력이 한참 부족하던 시절이라 광고공사에서 당대 최고의 전문가들로 교수진을 꾸려 전문 인력을 양성하고 있었던 것이다.

태어나서 처음으로 제대로 공부를 하기 시작했다. 시험 과목은 영어와 광고에 대한 전반적인 상식을 알아보는 필기시험. 정말 열심히 준비했고, 다행히 합격했다. 합격생 40명 중 대전 아래 지역에서 뽑힌 지원자는 경남 출신인 나를 비롯해 경북에서 온 정병국, 전남에서 온 이경주 단 세 명뿐이었다.

막상 짐을 싸서 서울로 올라왔지만, 첫 수업부터 주눅들었다. 함께 수업을 듣는 동기생들은 대다수가 소위 명문대 출신이었다. 거짓말 같겠지만 서울대, 연세대, 고려대, 이화여대에 다니는 학생들을 그때 처음 봤다. '공부 잘하는 사람들은 저렇게 생겼구나' 하는 생각이 들었다. KTX도 없던 시절의 이야기다.

어쨌든 교육원의 6개월 과정을 무사히 마치면 제일기획, 서울광고기획, 대홍기획, 오리콤 같은 당시 국내 유수의 종합 광고대행사나 광고 제작사에 입사할 수 있었다. 지금 생각해봐도 꿈만 같은 기회였다.

그런데 교육원을 수료를 앞두고 한 가지 생각이 머릿속을 맴돌았다. '이게 최선인가? 광고가 정말 내가 하고 싶은 일일까?' 광고 회사에 입사하면 이변이 없는 한 광고를 업으로 삼아야 할 터였다. 좋은 기회였지만 신중하지 않을 수 없었다. 평생 광고쟁이로 커 나갈 수 있는 칼날을 지니고 있는지 몇 날 며칠 자문했다.

돌이켜보면 약간의 여유를 갖고 싶었던 것 같다. 좋은 기회가 눈앞에 왔다고 충분한 고민 없이 덥석 잡았다가 후회하고 싶지 않았다. 배부른 소리라고 할지 모르지만 내 아이들과 후배들에게 지금도 항상 이렇게 강조한다.

"쫓기듯 결정하지 말자. 진짜 그것이 내 길인지, 내 게임을 주도할 수 있는 판인지 몇 번이고 고민하자. 결정은 순간이고 인생은 길다."

처음에는 광고 마케팅 분야에 대한 호기심과 호감으로 광고를 공부하기 위해 서울까지 왔다. 겨우 반년이지만 많은 것을 배웠고 배움에 흡족한 시간이었다. 배울수록 재미있었고 앞으로는 광고와 PR의 시대가 될 것임을 절감할 수 있었다. 그러나 그 시절 나에게 광고는 마지막 한 조각을 찾지 못한 채 미완성으로 남은 퍼즐 같았다. 광고를 업으로 했을 때 과연 내가 최고가 될 수 있을 것인가. 확신이 들지 않았다. 꿈으로 가는 플랫폼에 서서 한 귀퉁이가 찢어진 티켓을 들고 무엇이 옳은지 생각해봤다. 찢어진 티켓을 들고 오른 열차에서 쫓겨나거나 도망칠 가능성을 떠올리지 않을 수 없었다. 목표를 향해 가는 길에 적어도 온전한 티켓이 필요하다는 생각이 들었다.

바쁠수록 돌아가라는 말처럼 애써 여유를 갖고 고민을 하던 그때, 남들이 보면 별것 아닌 것 같지만 내게는 소중한 기회가 찾아왔다.

나를 객관적으로 바라보는 질문법

나만의 게임을 하기 위해서는 먼저 자기자신을 알아야 한다. 이는 말처럼 쉽지 않은 일이다. 자신을 객관적으로 인지하려면 구체적으로 어떻게 해야 할까? 아래 세 가지 질문을 던지고, 그 답을 구체적으로 정리해보자.

나에게 던지는 질문

나만의 무기는 무엇인가?	- 나의 특장점 - 남들보다 잘하는 강점 - 기획력, 순발력, 실행력, 분석력, 　친화력, 추진력, 설득력 등
나는 지금 무엇을 원하는가? 그것을 간절히 원하는가?	- 나의 인생과 직업 비전 - 미션: 재미, 의미, 보람, 기쁨 - 하고 싶은 일과 업무
내가 버릴 수 있는 것은 무엇인가?	- 나쁜 습관 - 개선이 필요한 약점이나 행동 - 너무나 많은 욕심 - 허무맹랑한 이상, 막연히 먼 얘기

이 세 가지 질문은 알리바바의 수장 마윈도 스스로에게 던졌던 것들이다. 마윈은 구체적인 삶의 태도를 논하려면 먼저 스스로에게 질문을 던져보라고 했다. 그가 존경하는 선배가 알려줬다는 세 가지 질문은 바로 '내가 가진 것이 무엇인가', '내가 원하는 것이 무엇인가', '내가 버릴 수 있는 것은 무엇인가'이다. 마윈은 "이 질문은 세상 누구에게나 필요한 것이지만 특히 기업가에게 중요한 문제"라고 강조했다.

질문만큼 나를 성찰하게 하는 것은 없다. 묻지 않는 사람에겐 발전도 변화도 오지 않는 법이다. 묻지 않는 건 고치지 않겠다는 답이나 마찬가지다. 마윈이 말했듯, 구체적인 삶의 태도를 이야기하기 위해서는 스스로에게 질문을 던져야 한다.

나만의 무기는 무엇인가? '무기'라는 단어를 분해하면 궁극기, 주특기, 핵심 가치로 치환할 수 있다. 이 세 가지 중 과연 내가 가지고 있는 것은 무엇인지 고민해보자. 누구나 하나쯤 자신만의 무기를 가지고 있다. 많이 먹는 능력도 경쟁력이 되는 시대다. 다른 사람들이 가진 것을 부러워하며 흉내내려 하지 말고 본인이 잘할 수 있는, 자신의 기질에 맞는 무기를 찾아야 한다.

자신의 기질에 꼭 맞는 무기를 찾기 위한 첫 번째 단계는, 자신의 장단점을 파악하는 것이다. 사람들은 대부분 자신의 장점과 단점을 객관적으로 인지하지 못한다. 장단점은 상대적인 것이라 객관적인 기준을 잡기 힘들기 때문이다.

힘들어도 한번 정리해보자. 보편적 기준과 그동안의 경험에 맞춰 자신의 장단점을 찾으려고 노력해보자. 학창 시절 두각을 보였던 분야는 무엇인지, 성장하는 데 도움을 주었던 성향은 어떤 것인지 등 충분히 시간을 들여 하나씩 짚다 보면 희미하게나마 장단점의 윤곽이 잡힌다. 그렇게 더듬어 나가다 보면 남들에게 없는 나만의 고유한 장점이 보일 것이다.

누구에게나 고유한 장점이 있다. 그저 본인이 찾지 않고 묻어두는 것일 뿐이다. 비교하지 않고, 기죽지 않고, 포기하지 않는 건 흙을 털어내는 과정과 비슷하다. 조심스럽고 세심하게 흙을 털어내면 마침내 반짝이는 보석이 모습을 드러낸다. 그때 눈을 번쩍 뜨고 꽉 잡아야 한다. 마음이 가고, 하고 싶고, 잘할 것 같은 일이 보인다. 업종 중에서 관심사가 보이고, 해보고 싶은 업무 부서가 뚜렷해진다. 이런 것들은 다른 사람들의 추천보다 본인이 찾는 게 훨씬 정확하다.

내 이야기를 하자면, 마케팅을 하고 싶다는 열망은 나로부터 나왔다. 마케팅이 유망하다든지, 마케팅 부서 일을 추천받아서 시작한 게 아니었다. 대학 시절부터 해보고 싶던 분야였다. 사람 만나는 걸 좋아하고, 누군가를 설득하고 나를 표현하는 데 주저함이 없던 내 기질에 딱 맞는 분야였다. 이런 것들을 알고 있었기에 기회를 내 것으로 만들 수 있었다.

당신의 무기는 무엇인가? 장점은? 단점은? 그것으로 만들어 낼 수 있는 당신만의 필살기는 무엇이며, 주특기는 어떤 것인가? 차근차근 고민해보라.

나는 지금 무엇을 원하는가? 이 질문은 조금 다른 의미에서 중요하다. 나만의 무기를 찾는 것이 한 인간으로서 나를 알아가는 과정이라면, 두 번째 질문은 조직원으로서 내가 원하는 것을 찾는 질문이다.

자신이 원하는 게 무엇인지 확실하게 알게 되면 비로소 사회인으로서 나아가야 할 방향이 보인다. 내가 원하는 건 오른쪽인데 회사의 방향이 왼쪽이라면 과감히 퇴사하는 것도 방법이다. 너무 늦게 이런 질문을 던지면 되돌리기엔 안타까운 상황이 벌어질 수 있다. 한 방향으로 질주할 수 있도록 자리 잡는 과정이 반드시 필요하다.

내가 버릴 수 있는 것은 무엇인가? 이 질문은 단순히 버릴 수 있는 쉬운 것을 찾으라는 뜻이 아니다. 반드시 버려야만 하는 것을 찾아내라는 의미다. 작은 알에서 시작해 애벌레를 거쳐 성충이 되기까지 나비는 여러 번 변신한다. 사람 또한 성장하는 과정에서 자신을 감쌌던 것들을 벗어내고 전혀 다른 삶을 살 수 있다. 사욕, 나쁜 습관, 괜한 열등감이나 자격지심 등 필요치 않은 것들을 훌훌 벗어내면서 전진한다면 몸도 마음도 가벼워질 것이다.

나만의 무기는 무엇인가?

- _____
- _____
- _____

나는 지금 무엇을 원하는가?

- _____
- _____
- _____

내가 버릴 수 있는 것은 무엇인가?

- _____
- _____
- _____

꽃은 봄에만 피지 않는다

교육원의 6개월 과정이 끝나갈 때쯤 교육원에는 별별 말들이 돌았다. 다들 다음 단계로 넘어갈 시기를 앞두고 있어서인지 이런저런 정보들이 오갔다. 어느 날 '아디다스'라는 스포츠 브랜드의 한국총판인 제우교역 홍보/마케팅 부서에 자리가 날 거라는 소식이 들렸다. 교육원 광고인 과정에서 함께 공부하던 분이 제우교육 홍보팀원이었는데 언론사의 광고영업 부서로 이직한다는 이야기를 지나가듯 한 것이다. 그 이야기를 듣는 순간, 모든 혈관의 피가 빠르게 돌았다.

아디다스. 스포츠 브랜드. 마케터와 홍보를 겸하는 자리. 브랜드 PR 업무. 모든 단어들이 하나하나 조합되어 마침내 퍼즐이 완성된 느낌이었다. 당시만 해도 마케팅이란 용어가 흔히 쓰이지 않았지만 교육원에서 광고에 대해 배우면서 마케팅의 중요성에 확실히 눈뜨게 됐다. 마케팅은 상품이 소비자에게 유통되기까지 모든 과정을 아우르는 업이다. 광고, 홍보보다 훨씬 폭이 넓다. 어릴 때 꿈이 다시 떠올랐다. '전문 경영인'. 그래, 전문 경영인이 되려면 광고보다는 마케터로 세상에 첫발을 내딛는 게 좋겠다는 생각이 들었다.

그즈음 나는 끊임없이 스스로에게 질문을 던졌다. 나는 누구인가? 나는 무엇을 잘하는가? 나의 장점을 살릴 수 있는 분야는 어디인가? 궁극기로 광고를 택했지만 교육원에서 마주한 현실은 사실 녹록지 않았다. 학벌, 인맥, 전공 등 현실적 벽이 분명 존재했다. 그런 이유로 포기할 순 없었다. 마케팅 분야는 학부 공부를 할 때 내가 가장 좋아했던 분야였다.

내가 광고 장인의 기질이 있는가? 활동적인 마케터가 더 어울리는가? 수십 번 묻고 또 물었다. 고심 끝에 내린 결론은 광고보다 광범위한 홍보, 판촉을 아우르는 마케팅 분야가 맞다는 것이었다. 또 나의 성향으로 미루어봤을 때 정적인 일보다 활동적이고 다이내믹한 일이 어울린다고 판단됐다.

지금도 교육원 동기생 중에 왜 광고업계로 진출하지 않았는지 물어보는 친구들이 있다. 지방 대학교 출신으로 선택할 수 있는 최고의 직장과 미래가 앞에 있었는데 말이다. 그러나 지금도 그때의 결정이 내 인생 최고의 선택 중 하나였다고 믿는다. 한국방송광고공사 교육원에서 광고 전반에 대해 체계적으로 배운 덕분에 나만의 궁극기 하나를 가질 수 있었다. 그러나 마케팅이 더 끌렸고, 기회가 눈앞에 있으니 놓치고 싶지 않았다.

마케터가 되고 싶다!

경력직 사원이 그만둔다는 소식을 들은 다음 날, 무작정 제우교역 사옥이 있는 서초동 제우빌딩으로 찾아갔다. 당시 제우교역은 우리나라에서 아디다스 제품 판매 독점권을 가지고 있던 300억 원 규모의 국내 회사였다. 막상 찾아가긴 했지만 어찌해야 할지 모르고 건물 앞을 기웃대는데 경비원 한 분이 걸어 나왔다.

"어떻게 오셨습니까?"

긴장되는 마음을 누르고 또박또박 말했다.

"안녕하세요. 저는 한국방송광고공사 교육원에서 공부하고 있는 학생입니다. 마케팅 부서에 자리가 났다는 이야기를 듣고 이력서를 내러 왔습니다."

"그런 이야기를 못 들었는데요?"

"분명 공석이 있다고 했습니다. 이력서만 내고 가겠습니다."

물러서지 않고 버티자 경비는 어디론가 전화를 걸었다.

"이거 보세요. 지금 확인했는데 채용 공고를 낸 적이 없다고 합니다. 그만 돌아가세요."

잠시만 들여보내달라며 실랑이를 하는데 직원으로 보이는 분이 내려왔다. 누군가 이력서를 내겠다고 와서 버틴다는 이야기를 들은 모양이었다.

"아직 채용 공고를 내지 않았어요."

"공고가 안 났을 수도 있습니다만, 분명 공석이 생길 겁니다. 마케팅 부서장님을 만나고 싶습니다."

그 직원은 곤란하다는 표정을 지으며 부서장이 출장 중이라 만날 수 없다고 했다. 어쩔 수 없었다. 두 사람에게 인사를 하고 돌아섰다.

다음 주 다시 제우빌딩을 찾아갔다. 이번엔 지난번 얼굴을 익힌 직원에게 연락을 했다. 직원은 사무적인 목소리로 부서장이 회의 중이라고 했다. 두 번째도 소득 없이 돌아와야 했다. 그렇다고 포기할 순 없었다. 교육원 수료 과정이 끝나가고 있었다. 광고 대행사에 입사 여부를 알려야 했다. 칼을 빼든 이상 물러설 순 없었다.

그다음 주에 다시 제우빌딩을 찾아갔다. 일이 되려는지 직원들과 외출하던 부서장과 딱 마주쳤다. 이제 됐다. 일단 부딪혀보자! 그 자리에서 다짜고짜 큰 소리로 인사를 했다.

"안녕하십니까. 저는 강형근이라고 합니다. 이렇게 불쑥 나타나서 죄송합니다. 저는 한국방송광고공사 교육원에서 광고 공부

를 하고 있는 학생입니다. 이번에 아디다스 마케팅 부서에 자리
가 난다고 들었습니다. 이력서를 내보고 싶습니다. 기회를 주시
면 감사하겠습니다."

당돌한 모습이 기특해 보였는지 아니며 그냥 귀찮았는지 부
서장은 이력서를 가져오라고 했다. 집으로 돌아오자마자 열심히
이력서와 자기소개서를 작성했다. 그동안 내가 해왔던 것, 할 수
있는 것을 빠짐없이 빼곡히 채워 넣었다. 그리고 다시 찾아가 이
력서와 자기소개서를 전달했다.

이력서를 내고 긍정적이든 부정적이든 어떤 답변이 올 거라
고 기대하며 보름을 기다렸지만 연락은 오지 않았다. 나는 다시
제우빌딩을 찾아가 전화를 했다. 처음에 만났던 직원이 전화를
받았다.

"부서장님을 만나고 싶습니다. 정식으로 시간을 내주시기 힘
들면 로비에서 잠깐 만나 이야기 나누고 싶습니다."

다섯 번째 만에 10분이라는 짧은 시간이 주어졌다. 부서장 앞
에서 경력 사항을 빠르게 소개하고 진짜 하고 싶은 말을 꺼냈다.

"저도 압니다. 저보다 똑똑한 사람은 많습니다. 지방에서 올
라온 저보다 더 감각이 좋은 친구들도 수두룩합니다. 광고 공부
를 하면서 많이 봤습니다. 그런데 저는 그 누구보다 성실합니다.
누구보다 열심히 할 자신이 있습니다. 이력을 보시면 알겠지만,
저는 꾸준히 노력하는 노력형입니다. 영어도 어느 정도 할 줄 알

고요, 사람을 대하는 것에 적극적이고 학습 속도도 빠른 편입니다. 이력서에 다 쓰지 못한 장점이 많습니다. 무엇보다 마케팅을 정말 좋아합니다. 스포츠 선수들과 프로모션을 진행하는 업무를 성실하게, 그리고 신나게 할 자신 있습니다. 그러니 꼭 기회를 주셨으면 합니다. 면접을 볼 수 있게 해주신다면 최선을 다해 준비하겠습니다."

부서장은 고개를 끄덕이며 연락처를 남겨놓고 가라고 했다. 이제 된 건가 싶었지만 세상은 그렇게 호락호락하지 않았다. 이번에도 연락은 오지 않았다. 급한 마음에 두어 번 회사로 전화를 했는데 기다리라는 이야기뿐이었다. 안 되려나 보다 실망하며 고향으로 내려간 그 주 금요일, 전화를 받았다. 월요일부터 출근하라고 했다.

서둘렀다면, 꿈을 꾸지 않았다면 아디다스에서 브랜드 마케팅을 하는 강형근은 존재하지 않았을 것이다. 불안해도 쫓기듯 결정하지 말길 바란다. 진짜 그것이 내 길인지, 내가 게임을 주도할 수 있는지 판인지 몇 번이고 고민하자. 결정은 순간이고 삶은 길다. 단, 활시위를 놔야할 순간이라면 과감히 놔야 한다.

오십이 넘어 사표를 던진 이유

한 가지 자부하는 것이 있다. 나는 지금까지 시대의 파도에 휩쓸려본 적이 없다. 항상 닥쳐올 변화를 탐지하고 파도에 올라탈 준비를 하려고 노력했다. 아디다스에서 근무하면서 매일 칼퇴근한 것도, 대학원에 다닌 것도 파도에 떠밀려가지 않으려는 나름의 발버둥이었다. 아디다스 부사장, 전세계에 10명밖에 없는 브랜드 디렉터 자리를 던지고 아디다스를 떠난 것도 마찬가지 이유에서였다.

2019년, 세상은 급변하고 있었다. 4차 산업혁명이라는 말이 화두로 떠올랐다. 눈 밝은 사람들은 이미 디지털이 불러온 변화의 움직임을 포착하고 있었다. 새로운 트렌드와 흐름에 민감해야 하는 브랜드 디렉터로서 볼 때 디지털의 파도는 바닥부터 판을 뒤집어놓을 만큼 거대한 것이었다. 판이 뒤집힌다는 것은 새로운 지식이 필요하다는 이야기다. 세계 유통 산업의 흐름에 맞춰 디지털, 이커머스 분야에 대한 전문적인 준비가 필요했다.

오십을 넘긴 나이에 다시 스스로에게 질문하기 시작했다. 어마어마한 변화가 일어날 텐데 내가 적응할 수 있을까? 디지털 네이티브 세대와 함께 일할 수 있을까? 리더로서 그들에게 유의미한 영향을 끼칠 수 있을까? 준비 없이 자리를 지키는 게 내 인생에 긍정적으로 작용할까?

결론은 파도가 치기 전에 세상 밖으로 나가 다가올 미래를 준비해야 한다는 것이었다. 매출 300억 원의 제우교역이 1조 원 규모의 아디다스 코리아로 성장했지만 미련 없이 사표를 던졌다. 회사도 중요하지만 나도 중요했다.

회사의 만류가 있었지만 나는 간곡히 부탁했다. 나가서 더 많은 것을 배우고 싶다는 나의 생각을 회사가 이해해줘서 직장 생활을 내 의지대로 마칠 수 있었다. 사표를 낸 다음 날 바로 서울대 공대대학원 미래융합기술최고위과정에 지원했다. 틈틈이 해오던 마케팅, 전략 강연도 본격적으로 잡았다. 이전에는 주로 전국경제인연합회에서 C레벨 임원을 대상으로 강연을 했는데, 실무를 뛰는 직원들을 대상으로 한 강의도 시작했다. 직접 현장에서 뛰는 직원들을 만난다는 것은 내게도 큰 자극이 됐다.

미래융합기술에 대한 전문 지식을 배우면서 강연의 주제와 내용도 관련 지식으로 채워졌다. 그러던 어느 날 강연을 봤다며 현대경제연구소에서 연락이 왔다. 디지털트랜스포메이션 교육 영상을 제작할 계획인데 기획 단계부터 함께 해보지 않겠냐는 제안이었다. 당연히 참여하겠다고 했다. 새로운 도전이었지만 배운 것의 깊이를 더할 수 있는 소중한 시간이 될 게 분명했다. 6개월간 교육 영상을 기획하고 제작하면서 산업 현장에 디지털 기술을 접목해 비즈니스 모델을 혁신시킨 기업과 경영인들을 만날 수 있었다.

이후에도 나의 디지털 지식 쌓기는 계속됐다. 이제는 세일즈도 온라인 기반의 커머스로 중심축이 옮겨갈 게 자명했다. 그 거대한 흐름에 함께하려면 이커머스와 물류 부문의 지식을 더욱 자세히 알 필요가 있었다. 젊은 세대 사이에 끼어 한국체인스토어협회KOCA에서 개설한 '쇼핑 알고리즘'과 '디지털 풀필먼트' 과정을 이수했다. 또 한 번 새로운 지식과 다양한 분야의 인맥이 쌓였다. 2022년에는 2년 만에 업데이트된 과정을 또 한 차례 공부했다. 디지털 기술은 계속해서 변화 발전하므로 위아래를 가리지 않고 계속 공부하는 것이 중요하다.

인생의 경로는 주도적으로 만들어야 한다. 주도성이 없으면 삶은 무너지게 마련이다. 지금까지의 경로가 자신이 뜻한 바 같지 않더라도 그 시간을 실패로 받아들이고 포기해선 안 된다. 남들이 뭐라고 하든 환경이 어떻든 내가 얼마든지 바꿀 수 있다는 자신감으로 내 인생의 길을 만들어 나가야 한다.

꽃은 봄에만 피지 않는다. 피어나는 시기가 전부 다르다. 동백은 추운 겨울에 활짝 피어난다. 사람도 마찬가지다. 누구는 10대에, 또 누구는 60대가 되어서야 피어날 수 있다. 아카데미에서 여우조연상을 받은 배우 윤여정이나 골든 글로브 조연상을 수상한 배우 오영수는 남들이 일을 접는다는 노년의 시기에 그 어느 꽃보다 화려하게 피어났다.

인생은 긴 여행 같다. 폭풍도 만나고, 가끔 그늘에서 쉬기도 하고, 새로운 것들로 벅차올랐다가, 쓰리게 뒷걸음치기도 한다. 그 와중에 나만의 꽃 피는 시기가 반드시 찾아올 테니 우선 당신만의 게임을 설계하고 만들어라.

44

점이 모여 선이 되고
선이 연결돼 면이 된다

나만의 게임을 만드는 출발점은 내가 어떤 사람인지, 뭘 좋아하는지, 어떤 걸 잘할 수 있는지 아는 것이다. 아디다스에 입사하기 전 나는 꽤 괜찮은 기회를 손에 쥐었다. 그러나 그 문을 열고 들어서지 않았다. 문 너머의 세상이 나와 어울리고 내가 좋아할 세상인가에 대한 의심이 들었기 때문이다.

내게 남들과 다른 점이 있다면, 좋게 말하면 경험하기를 좋아하고 나쁘게 말하면 노는 걸 좋아하는 것을 꼽을 수 있다. 중학교 때부터 텐트를 들고 친구들과 남해, 삼천포, 진해, 양산 등으로 다니며 낚시와 야영을 했다. 짧은 여행이라도 어른들의 도움을 받지 않고 직접 계획을 세우고 이를 꼭 실행하려고 노력했다. 재미있겠다는 생각이 들면 주저하기보다는 행동하는 쪽을 택했다. 그러다가 친구들 사이에서 의견이 벌어지면 중재하고 설득했다. 나보다 나이 많은 형들과도 자주 어울려 여행을 떠났는데 그때도 내가 계획을 짜는 경우가 많았다.

이런 기질 덕분에 마케팅 부서장 앞에서 "시켜만 주면 성실하게 하겠습니다"라는 말을 자신있게 할 수 있었던 것이다. 대학 시절 궁극기 하나는 가지고 있자는 마음에 배워둔 영어라는 무기도 사회 생활을 시작할 때 큰 이점이 되어주었다. 거기에 '광고 홍보'라는 차별화된 스토리와 콘텐츠를 장착했으니 자신없을 이유가 없었다.

물론 나의 무기와 스토리, 차별점을 차곡차곡 쌓아 결국엔 전 세계에 10명밖에 없다는 아디다스 브랜드 디렉터가 됐다는 결과론적 이야기일 수 있다. 어쩌면 우연한 사건과 결과가 이어져 일어난 운명 같은 일인지도 모른다. 만약 지금 경남대학교 교수로 있는 친구 정은상이 나에게 영어 회화를 공부하라고 권하지 않았다면, 구태본이 나에게 광고 공부를 해보지 않겠냐는 말을 건네지 않았다면, 아니 지금껏 살아오는 동안 단 한 번이라도 다른 선택을 했더라면 지금의 내가 없었을 수도 있다. 그러나 또 한편으로 생각하면 또 다른 경험들이 새로운 나를 만들었을 수 있을 것 같다.

스위트 스폿을 찾아라

툭 툭, 다양한 경험을 통해 점을 만들고 이를 연결하면 면이 만들어진다. 점 없이 면은 존재할 수 없다. 그래서 일단 연결 가능한 점을 많이 만들어놓는 게 중요하다. "내가 하는 말이 나고, 내가 하는 행동이 나고, 내가 만나는 사람이 나를 만든다I'm what I say, what I do, whom I meet." 우연이든 필연이든 내가 찍은 점들이 연결되어 면이 된다. 넓은 면을 만들려면 열심히 점을 찍는 수밖에 없다. 그래서 나는 오늘도 점을 찍는다. 경험의 점, 인맥의 점, 지식의 점을 인생의 길목마다 만들어둔다. 그러면 어느 순간, 점이 선이 되고 선이 면이 되면서 새로운 기회로 이어진다.

많은 사람들이 열심히, 성실하게 자신의 시간을 투자하며 성공을 위해 달린다. 공부를 하고 일을 한다. 이 시대에 사는 누구나 마찬가지다. 이 글을 읽고 있는 당신도 그럴 것이다. 그런데 한 번 생각해보자. 그렇게 바쁘게 최선을 다해 사는 하루 24시간 중 자기 자신에 대해 얼마나 생각하고 있는가. 과연 어느 정도 시간을 들여 스스로를 돌아보고 살펴보고 있는가. 사실 쉽지 않은 일이다. 한 번도 자신을 돌아보라고 배우지 않았기 때문이다. 어떻게 해야 하는지 뭘 해야 하는지 방법도 알지 못한다.

나는 운 좋게도 대학교 1학년 때 독립하면서 나를 둘러싼 환경에서 벗어나 나를 찬찬히 돌아볼 수 있었다. 나의 강점이 무엇인지, 남들과 다르게 비쳐지는 특기는 무엇인지, 나는 어떤 성격을 지녔는지, 다양한 심리 테스트를 하면서 나에게 어울리는 직업과 업종과 직무들을 조사하고 찾아 나섰다. 지금도 이런 노력을 매년, 매일 계속하고 있다. 나는 이를 자기인식Self-awareness, 자기성찰Self-reflection의 시간이라고 부른다.

배운 것, 본 것, 만난 것, 느낀 것. 하루하루 경험이 쌓여가는데 어떻게 내가 어제의 나와 같다고 할 수 있겠는가. 달라진 나를, 발전한 나를, 혹은 퇴보한 나를 제대로 바라보고 인지해야 한다. 지속적으로 성장하기 위해서는 반드시 성찰이 병행되어야 한다. 동료, 상사, 후배, 외부 인물들에게 자신에 대한 평가를 요청하는 걸 두려워해선 안 된다. 어떤 의견이든 겸허하게 받아들여라. 이 모든 것은 결국 이득으로 돌아오게 마련이다. 잘하는 것과 부족한 것을 파악할 수 있는 참고점이 생긴다는 점에서도 매우 소중한 일이다.

내 멘토 중에는 《초격차》의 저자이자 삼성전자 종합기술원 회장이셨던 권오현 고문님이 있다. 어느 날 인사시켜줄 사람이 있다며 삼성전자 본사로 나와줄 수 있냐고 했다. 나와 잘 맞는 사람이니 한번 이야기를 나눠보라는 것이었다. 그때 만난 이는 30년간 조직 생활을 성공적으로 하고 지금은 회사를 나와 6개월 동안 자신을 탐색하는 시간을 가지고 있다고 했다. 그는 막상 조직의 테두리를 벗어나니 자기자신이 너무 어색하고 불안했다고 말했다. 그는 불안한 마음을 떨쳐내보고자 스스로에게 이런 질문을 던졌다고 했다.

나는 누구인가?

그는 자신이 좋아하는 것, 싫어하는 것, 하고 싶었던 것, 열광하는 것들의 목록을 적고 그것들을 찾아다녔다고 한다. 무려 6개월 동안 아무것도 하지 않고 자신을 알기 위해 시간을 썼다. 그리고 그 시간을 통해 자기의 핵심 가치 10가지를 찾아냈다. 자신의 장점과 단점, 그리고 강점을 알아내는 데 6개월이 걸린 셈이다. 이처럼 한 조직에서 최고 전문가 자리에 오른 사람도 자신을 제대로 파악하기란 쉬운 일이 아니다. 그래서 더욱 내가 누구인지 체계적으로 자기인식을 해야 한다.

'나'는 4가지 '나'로 분류할 수 있다.

나도 알고 남도 아는 나

나는 알고 남은 모르는 나

나만 모르고 남은 아는 나

나도 모르고 남도 모르는 나

여기서 제일 중요한 '나'는 '나도 모르고 남도 모르는 나'다. 알아내기 제일 어렵지만 알아낸다면 가장 큰 깨달음을 얻을 수 있다. 나 자신도 몰랐던 잠재력을 발견하고 그걸 폭발적으로 끌어올릴 수 있기 때문이다. 남도 인정하지 않고 나도 몰랐지만 내

안에 내재된 재능은 사실 누구나 갖고 있는 것이기도 하다.

'스위트 스폿Sweet Spot'이라는 스포츠 용어가 있다. 타구할 때 공이 맞으면 가장 멀리 빠르게 날아갈 수 있는 최적점을 말한다. 야구에서는 이를 '히팅 포인트Hitting point'라고도 부른다. 나도 모르고 남도 모르는 내가 바로 인생의 스위트 스폿이다.

나를 알기 위해서는 혼자 생각하는 것도 좋지만 주위 사람들의 이야기를 듣는 것도 큰 도움이 된다. 가까운 사람들에게 나에 대해 진지하게 물어보자. 아마도 미처 몰랐던 나의 모습을 발견하게 될 것이다. 물론 이런 말을 들었다고 해서 무조건 긍정하거나 부정할 필요는 없다. 일단 듣자. 평가는 나중에 해도 된다.

마지막으로 자신에 대해 깊이 생각하는 것이 중요하다. 환경에 휘둘리기 전 아주 순수했던 나란 사람에 대해서 누구보다 제일 잘 아는 사람은 나이기 때문이다.

나를 알고 내가 간절히 원하는 걸 파악했다면 과감히 그 방향으로 피보팅Pivoting해보자. 학생이라면 전공을 바꿔보고, 취업 준비생이라면 남들이 좋다고 하는 곳이 아니라 자신에게 꼭 맞는 직장을 찾아보는 것이다. 직장인이라면 직장을 옮겨도 좋다. 평생 직장이라는 개념은 사라진 지 오래다. 당연히 평생 직업도 없다. 앞으로는 은퇴란 말이 사라질 것이다. 길게 봐야 한다. 오래도록 행복하게 살기 위해서라도 자신을 아는 것이 중요하다. 아직 모른다면 과감하게 시간을 투자해라. 지금이라도 자신만의 강점을 찾아 나만의 경험을 하라. 피를 끓게 하는 것에 모든 것을 쏟아붓는 경험 말이다.

나라는 사람을 다각도에서 조망하면 진짜 나라는 사람을 찾아가는데 많은 도움이 된다. 아래 표는 내가 정리한 나에 대한 자기인식이다.

〈강형근은 누구인가〉

나도 알고 남도 아는 나	- 추진력이 강하다 - 긍정적, 적극적, 열정적이다 - 사교성, 친화력이 있다 - 일단 해보는 강력한 실험 정신 - 미리 미리 준비하고 대비한다
나는 알고 남은 모르는 나	- 지나치게 신중할 때도 있다 - 결정을 내리기 전에 치밀하게 생각하고 고민을 많이 한다 - 뜸을 많이 들이고, 항상 선택지를 많이 둔다 - 엄청난 노력파, 공부파 - 놀기도 좋아하고 실제로 잘 논다
나만 모르고 남은 아는 나	- 때로는 투 머치 토크 - 너무 부산하다 - 때로는 자기 주장이 강하고, 자기 중심적이다
나도 모르고 남도 모르는 나	- 교육자, 강연자로서의 자질과 역량

나는 누구인가? 나는 무엇을 좋아하나? 나를 알아내 단점을 보완하고 강점을 보강한다면 자신만의 행복을 지킬 수 있을 것이다. 아무리 고민해도 내세울 게 없다면 일단 점을 찍는다고 생각하자. 남들처럼 쭉 선을 긋고 면을 채울 근사한 재능이 없다 해도 관심 있는 한 개의 점은 분명 존재할 것이다. 거기서 시작해 보자.

사소해 보이는 작은 점들을 여기저기 많이 심어 보자. 그리고 그 점들을 이어보자. 선을 만들고 선과 선을 이어 면을 만들고 그것들을 다시 연결해 펼치는 것이다. 꼭 처음부터 선을 긋고 면을 채울 필요는 없다. 처음부터 슈퍼 영웅 영화의 주인공처럼 정해진 항로를 항해하는 것보다 점에서 선으로, 선에서 면으로 확장시키며 나아가는 여행이 훨씬 재미있지 않을까?

인생은 상대평가가 아닌 절대평가다. 비교는 의미 없다. 점과 점을 잇는 사람이 큰 면을 가진 사람보다 행복하지 않을 이유가 없다. 이미 만들어진 바탕에서 달라지지 않는 하루하루를 사는 것보다 이 점에서 저 점을 잇고 선을 그어 새 길을 만드는 삶이 훨씬 역동적이고 즐거울 수 있다. 행복은 내가 하고 싶은 것을 하며 살 때 내 옆에 슬그머니 다가와 함께 걷는다. 상대평가할 필요 없다. 내게 꼭 맞는 맞춤 기준으로 절대평가하면 된다. 늦었다고 생각할 필요도 없다. 활 시위를 떠난 활은 결국 과녁을 향해 나아가게 마련이다.

자기 설계의 시작, 자기인식

아디다스에 입사한 1989년만 해도 국내에서 아디다스 브랜드의 이미지는 지금의 명성과 차이가 있었다. 브랜드 인지도 면에서 토종 브랜드인 르까프, 프로스펙스에도 뒤처졌다. 나이키는 '넘사벽' 수준이었다.

입사하자마자 내게 주어진 미션은 '아디다스'라는 브랜드를 고객의 머리에 각인시키는 것이었다. 당시 제우교역은 아디다스 본사에서 제품을 수입할 뿐, 글로벌 차원의 마케팅 지원이나 홍보 자료를 받고 있지 않았다. 당연히 공유되는 마케팅 정보도 없었다.

광고라고 해봐야 평범하고 정직하게 사진을 찍은, 아디다스 샌들의 기능을 강조한 지면 광고 정도가 전부였다. 아디다스의 상징인 3선이 들어간 샌들은 테니스화, 캔버스화와 함께 아디다스 매출 1위 품목이었다. 외국 브랜드이지만 가성비는 낮고 눈에 띄는 제품도 없는 브랜드. 당시 아디다스의 주소였다.

본질을 찾아서

1990년은 교복 자율화가 시작된 해였다. 정통 스포츠 브랜드로 각인되는 것보다 의류 브랜드로 알려지는 게 의류 브랜드들에게는 더 유리한 상황이었다. 중저가 캐주얼웨어 브랜드가 우후죽순 생겨나기 시작하던 때여서 아디다스는 학생들의 일상복으로 인기 있던 중저가 브랜드 헌트, 이랜드와 경쟁해야 했다. 그러나 가격 면에서 싸움이 되지 않았고, 제품의 디자인이나 품목의 다양성도 따라갈 수 없었다. 아디다스뿐만 아니라 국내외 많은 스포츠 브랜드들이 정통 스포츠와 레포츠 시장 사이에서 고전을 면치 못하던 시기였다.

입사하고 업무를 어느 정도 익힌 2년 차가 되자, 당장의 이익 때문에 의류 브랜드를 흉내 내는 것은 브랜드 아이덴티티를 훼손시키는 전략이라고 판단됐다.

여기서 잠깐, 이해를 돕기 위해 아디다스 이야기를 살펴보자. 1948년 독일에서 설립된 아디다스는 스포츠에 혁신을 몰고 온 브랜드다. 단순히 신발을 넘어 선수들의 기량을 높여주는 다양한 기능성 제품을 생산하는 혁신의 아이콘으로 불렸다. 많은 올림픽 출전 선수들이 아디다스의 혁신적인 제품을 사랑했다. 나이키가 거금을 들여 후원하기 전까지 마이클 조던이 연습화로 신던 신발도 아디다스 제품이었다. 최고의 성능으로 도전과 경쟁이 주는 흥분을 간직하고 목표 달성의 기쁨을 누리는 것이 브랜드의 핵심 아이덴티티였다.

나는 우리나라에서도 아디다스라는 스포츠 브랜드의 정통성을 유지해 굳건히 포지셔닝해야겠다고 판단했다. '스포츠'에 집중해 '아디다스'라는 이름을 알릴 방법이 없을까? 마침 제우교역 광고를 책임지던 제일기획 직원이 나와 비슷한 생각을 했다. 현재 TBWA 사장이 된 이수원이 바로 그다. 그와 머리를 맞댔다.

"아디다스의 태초 브랜드 DNA를 살리고 싶어요. 분명히 스포츠의 시대가 올 거라고 믿어요. 스포츠 시장이 사라진 게 아니잖아요. 스포츠 본연은 죽지 않았어요. 남들 따라가지 말고 본질에 집중하면 좋겠습니다."

"본질이 제일 중요하다는 의견에 전적으로 동의해요."

그렇게 머리를 맞대어서 나온 결과물이 지금도 많은 사람들이 기억하는 '스포츠는 살아 있다'라는 슬로건이다.

2년 차 홍보 마케팅팀 사원이 시장의 상황을 거스르는 광고안을 들고 왔으니 회사의 반발이 있을 수밖에 없었다. 먼저 내부 사람들을 설득해야 했다. 우리에게 정말 중요한 것이 무엇인지,

아디다스의 본질이 무엇인지 다시 한 번 생각해야 할 때라고 간절한 마음으로 이야기했다. 결국 캠페인을 진행하기로 했다. 글로벌 본사의 협력과 무관한 한국만의 로컬 광고 캠페인이었다.

캠페인은 대성공이었다. 암벽등반 편, 산악자전거 편, 축구 편을 차례로 만들어 브랜드 스토리텔링에 성공을 거뒀다. 드라마 〈전원일기〉에서 부부 역할을 맡은 배우 최불암, 김혜자가 산을 타는 모습 뒤에 '스포츠는 살아 있다'를 붙인 패러디가 만들어져 인기를 모으기도 했다.

개그맨들이 앞다퉈 우리 슬로건을 응용해 코미디 소재로 활용했다. 요즘으로 치면 '밈meme'이 되어 대중이 아디다스의 슬로건으로 놀기 시작한 것이다. 당연히 화제의 중심이 됐고 브랜드 존재감이 서서히 살아나기 시작했다. 이후 5년간 '스포츠는 살아 있다' 캠페인이 진행되면서 어느새 아디다스는 국내 소비자에게 진정성 있는 스포츠 브랜드로 각인됐다. 당연히 매출이 따라왔고, 대리점 개설도 부쩍 증가했다.

강점에 집중하자

'스포츠는 살아 있다' 슬로건을 통해 아디다스가 스포츠 브랜드로 각인되는 5년 사이 나는 입사 7년 만에 팀장이 됐다. 회사와 함께 나 역시 성장한 것이다.

스포츠의 본질에 집중하자는 우리 브랜드 전략은 글로벌 아디다스의 변화와도 맥을 같이했다. 1990년대 초반 아디다스의 고향 독일에서 국제 마라톤 대회가 열렸다. 그런데 대회 스폰서가 나이키였다. 출전 선수들도 대부분 나이키의 후원을 받고 있었다. 아디다스의 고향에서 열리는 나이키의 대회였던 셈이다. 당시 나이키만큼 물량 공세에 나서기 어려웠던 아디다스는 새로운 시각으로 접근했다. 최고 기록을 내며 경쟁의 최일선에 있는 선수들을 후원하는 대신 마라톤에 참여한 최고령 선수를 후원한 것이다.

아디다스는 '과연 마라톤이 남과의 경쟁에서 이겨야 하는 스포츠인가' 하는 본질적인 질문을 던졌다. 마라톤은 타인과의 경쟁이 아닌 나 자신과의 경쟁이라는 게 아디다스의 생각이었다. 아디다스는 최고령 선수를 후원하는 것을 통해 타인이 아닌 자신과의 싸움에서 승리하는 것이 진정한 스포츠 정신이라는 걸 다시 한 번 일깨우며 소비자들에게 본질을 꿰뚫는 스포츠 브랜드로 자리잡았다. '나이키가 1등주의를 내세운다면, 우리는 스포츠의 본질에 집중하겠다. 우리는 나이키와 다르다. 우리는 우리의 길을 간다.' 이것이 아디다스의 전략이자 성공 요인이었다.

내가 누구인지 아는 것, 그것이 모든 일의 시작이다. 그것을 알게 되는 순간, 선택은 정교해지고 실수는 줄어든다. 때론 그것을 알고 있다는 사실만으로 태세를 전복시킬 수 있다. 자기인식은 쉽게 드러나지 않지만 강력한 힘을 갖는다. 남에게 쏟던 에너지를 내 안으로 모아 스스로를 바라보는 것은 그 어떤 것보다 확실한 투자다.

태도가 전부다

1997년, 팀장 2년 차로 우리나라 아디다스의 광고홍보 전체를 맡고 있을 때였다. 언론사의 도움으로 산업박람회를 견학하고 유럽 산업을 시찰할 기회가 생겼다. 당시만 해도 흔치 않은 경험이었다. 다양한 기업에서 다양한 직책과 업무를 맡은 사람들이 모여 유럽으로 향했다.

모스크바를 시작으로 핀란드, 노르웨이, 프랑스 등 유럽 여러 나라의 산업 모델과 발전상을 짧게나마 살펴볼 수 있었다. 촘촘한 일정 중에도 도시를 옮길 때마다 잠깐 틈이 나면 미리 찾아두었던 그 지역의 서점에 반드시 들렀다. 목적이 있었다.

'전략'이라는 단어가 붙어 있는 책은 전부 샀다. 마케팅, 세일즈, 컴퍼니 앞뒤로 '스트래티지strategy'라는 단어가 붙어 있는 책들을 사고 또 샀다. 팀장으로서 앞을 생각해야 할 시점이었다. 비록 2년 차 팀장이었지만 브랜드를 총괄하는 부서장의 역량을 준비해야 하는 단계였다. 그러려면 스스로 전략 프레임을 짤 줄 알아야 했다. 팀장이 현장의 리더라면 부서장은 자리에 앉아 만리를 내다봐야 하는 전략가다. 새로운 지식이 필요했다.

지금도 새로운 역할을 부여하기 전에 미리 이에 대해 준비시키거나 가르쳐주는 조직은 드물다. 당시 제우교역은 대기업이 아니다 보니 정교한 인사 교육 관련 매뉴얼이 따로 마련돼 있지도 않았다.

자기 자신을 개발하기 위해서는 항상 촉을 곤두세워야 한다. 공교육에서는 선행 학습을 나쁘다고 하지만 회사에서는 아니다. 자기주도적인 선행 학습이 이뤄져야 한다. 직장 생활 5~6년 차만 되어도 내가 무슨 이야기를 하는지 잘 알 것이다. 나 또한 몸으로 느꼈다. 스스로를 발전시켜야 했다. 더 이상 열정만으로 충족되는 위치에 머물 수는 없었다. 전략을 꾸리는 사람으로 역할이 바뀌려면 그에 맞는 지식과 논리 체계 등이 필요했다.

대학원에 들어가서 새롭게 배워볼까 생각해봤지만 물리적으로 불가능했다. 대신 세계 동향과 흐름을 살피며 스스로 공부하는 쪽을 택했다. 그러다가 유럽에 갈 기회를 얻자마자 지도에 각 도시의 대형 서점을 표시했다. 그리고 유럽 전역을 돌면서 조금이라도 짬이 나면 서점으로 달려갔다. 일행과 함께 움직이는 일정이었기 때문에 아주 잠깐 버스가 정차한 휴식 시간에나 짬이 났는데, 그럴 때마다 얼른 달려가 책을 사왔다. 그때 버스에서 내 좌석 파트너는 LG전자의 심윤보 상무였다. 6박 7일 일정을 마치고 공항에서 돌아오는 버스에서 그가 농담처럼 이런 말을 건넸다. 그 말을 지금까지도 잊을 수 없다.

"내가 장담하는데 강 팀장은 임원까지 하게 될 겁니다."

"예?"

"임원까지 올라갈 거라고요. 두고 봅시다. 웃으면서 얘기할 날이 올 거예요."

예언처럼 던져진 그 말의 의미를 한참 지나서야 알 수 있었다. 그때는 그저 웃어버렸지만 지금도 가끔 그날의 대화를 떠올린다. 어떤 점을 발견하고 나에게 그런 말을 했는지 임원이 되고 나니 알게 됐다.

다양한 사람들을 채용하고 함께 일하고 또 떠나보내다 보면 자연스럽게 사람을 보는 안목이 생긴다. 일부러 평가하려는 게 아니라 그냥 보인다. 행동 하나, 태도 하나, 눈빛 하나에서 앞으로 그 사람이 어디까지 뻗어 나갈지 혹은 제자리걸음을 할지 대충 알게 된다. 며칠 동안 유럽 산업 시찰을 함께한 심윤보 상무는 가까이에서 나의 행동과 태도와 눈빛을 보았고 그런 결론을 내렸을 것이다.

진성치치

그즈음 나는 사내에서 파격적인 인사의 주인공이었다. 입사 7년 만에 2단계를 건너뛰고 팀장이 됐기 때문이다. 30대 초반 나이에 팀장이라면 요즘에는 특이한 일이 아니지만 당시에는 파격적인 인사였다. 나보다 열두 살 많은 부서장이 그만둔 공석을 맡게 됐다. 다른 부서장들은 모두 띠동갑쯤 됐다. 40대 부서장들 사이에 까마득한 후배인 내가 나란히 섰으니 잘해야 한다는 부담감이 이루 말할 수 없을 만큼 컸다.

당시에는 마케팅 부서가 독립되어 있는 회사가 별로 없었다. 제우교역도 홍보부 안에 홍보마케팅팀이 엮여 있었다. 지금도 그렇지만 홍보실은 언론 홍보와 관련된 일을 하는 곳으로, 사장 직속 부서다. 부사장, 사장과 바로 연결되기 때문에 결재 단계가 복잡하지 않다. 임원들을 수행하는 것도 업무 중 하나였는데, 그래서 경영진이 나라는 사람을 눈여겨볼 수 있었던 것 같다. 광고, 홍보, 판촉을 총괄하는 부서장이 퇴사하면서 공석이 되자 당시 대리였던 나에게 부서장 역할을 하는 팀장 자리가 주어졌다. 영업팀 임원의 추천이 있었다고 했다. 임원급에서 논의한 후 전격적으로 발표됐다(2년 후 나는 다시 한 번 과장을 건너뛰고 바로 차장이 되는 2단계 승진을 했다).

당시의 상황을 구체적으로 살펴보면 2단계 승진의 이유는 충분했다. 브랜드 캠페인 '스포츠는 살아 있다'의 인기가 1990년부터 5년간 지속됐다. 공전의 히트를 기록한 것이다. 브랜드 인지도가 올라가면서 내가 하는 일에 힘이 실렸고, 그만큼 바쁘게 일했다. 언론사와 홍보 관계자들을 찾아다니며 아디다스를 각인시키는 데 몰두했다. 사람 만나는 걸 원체 좋아하고 친화적인 성격이라 재미있고 신나게 일했다. 덕분에 경쟁사보다 월등한 미디어 홍보 실적을 올릴 수 있었다. 그때 맺은 언론사 인맥들은 지금도 자주 만난다.

일을 할 때 네트워킹이 갖는 의미는 매우 크다. 그저 인맥을 넓히고 사람을 만나 즐기는 게 아니라 필요한 정보를 교환하고 상대의 전문 지식을 흡수한다는 의미에서 접근해야 한다. 이렇게 말하면 사람을 계산적으로 만나느냐고 오해할 수도 있다. 계산적이 아니라 그 반대다. 한 번 맺은 인연을 놓지 않고 소중하게 관리하는 차원에서 접근했다.

점점 실적이 쌓이면서 미디어 홍보통으로 사내에서 인정받고, 신뢰를 얻게 됐다. 당시에는 공중파, 일간지, 스포츠신문 등을 통한 마케팅 PR과 각종 홍보 활동이 매우 중요했다. 사내에서 영어를 그나마(강조하지만 그나마다. 나중에 이것 때문에 사표를 쓰게 된다) 잘하는 편이라 아디다스 글로벌 컴퍼니와 협력하는 소통 창구 역할을 한 것도 승진의 이유 중 하나였다.

정말 일이 즐거웠다. 내가 열심히 해서 회사가 성장하고 그로 인해 내가 성장하는 선순환 구조가 형성되니 성취를 이룰 때마다 신이 났다. 일을 하는 건 새로운 것을 배우는 과정이기도 했다. 책에서 배우는 것과는 다른, 실전에서 부딪혀야 알 수 있는 수많은 지식이 한 가지 일을 해낼 때마다 지워지지 않는 문신처럼 몸에 새겨졌다. 돈을 받고 배운다는 생각으로 회사에 다녔다. 눈치껏 대충 하지 캠페인과 슬로건을 만들겠다고 죽자사자 매달리냐는 핀잔을 듣기도 했고, 광고 단가를 조금이라도 깎으려고 발버둥 치며 매일 싸우는 모습을 보곤 무엇 때문에 그렇게 미친 사람처럼 일을 하냐고 질문 받기도 했다.

딱히 이유가 있는 건 아니었다. 그때도 지금도 인생을 관통하는 내 삶의 태도 네 가지가 있다. 진정성 있고 성실하며 치열하고 치밀하게, 즉 '진성치치'.

사실 파격적인 승진은 여러 사람을 불편하게 했다. 특히 동료와 선배들은 불편한 감정을 숨기지 않았다. 도대체 강형근이 누구길래 저렇게 승승장구하는가 하는 탐탁지 않은 기류가 느껴졌다. 처음에는 참 힘들었다. 함께 식사를 하자고 해도 바쁘거나 약속이 있다고 하는 게 모두 다 핑계처럼 들렸다. 왜 나를 피하는 거지, 하는 서운한 마음도 들었다. 나는 별로 달라진 게 없는데, 사람들과 멀어진 느낌이었다.

게다가 아무런 준비 없이 팀장을 되고 나니 개인으로 일을 잘하는 것과 리더로서 조직을 끌고 나가는 것은 전혀 다른 차원의 문제라는 것을 절감했다. 모든 일은 관계에서 시작되는데 나는 처음부터 모든 게 꼬인 상태였다.

고심 끝에 멘토가 되어줄 사람들을 찾아다녔다. 옆 부서 선배, 협력업체인 광고 대행사 부장 등 고민을 털어놓을 수 있는 사람이라면 누구든 가리지 않고 조언을 구했다. 나에게 우호적인 사람들을 시작으로 나보다 손윗사람들을 만나 다양한 조언을 들었다.

어린 시절 부모님은 내게 또래보다는 형들과 어울리는 자리를 많이 마련해줬다. 딸만 있는 집 외아들이 안쓰러웠던 건지 그 이유는 정확히 알 수 없지만, 나는 그래서 늘 손윗사람들과 어울려 다녔다. 회사 생활을 시작하면서 어렸을 때의 경험은 큰 도움이 됐다. 조직 생활은 손윗사람들과의 관계 맺음이 아주 중요하기 때문이다. 언론 홍보를 할 때 보도본부장, 스포츠 편집부장 등 결정권자들은 모두 나보다 윗사람들이었지만, 그들을 대하는 데 전혀 어려움이 없었다. 오히려 허물 없이 잘 지내면서 고민을 털어놓는 등 금세 가까워졌다. 어떻게 보면 26살에 입사해 이제 갓 서른을 넘긴 애송이에게 부서장을 맡긴 것은 책임이 주어져도 사고 치지 않을 거라는 믿음이 있어서였을 수도 있다.

어린 시절부터 꾸었던 전문 경영인이라는 꿈은 내 커리어 골 Career goal이었다. 스스로를 발전시키려 노력하다 보니 점점 더 열심히 해야 할 이유가 생겨났다. 진정성은 그럴 때 나타난다. 내가 아는 모든 사람들이 '강형근' 하면 떠올리는 단어가 '열정'

이다. 치밀하고 치열하게 살아온 나를 인정해주는 훈장 같은 평가다.

그런데 나는 열심히 하는데 회사가, 동료들이 인정하지 않고 기회를 주지 않는다고 생각된다면 어떻게 해야 할까? 정말 열심히 했는데 왜 승진이 안 되지? 왜 나를 바라봐주지 않지? 이런 생각이 든다면, 그때는 내가 회사 경영진이라고 생각하고 나라는 사람을 객관적으로 점검해볼 필요가 있다. 커리어 골을 세우고 확실한 목표에 도달하기 위해 얼마나 치열하고 치밀하고 성실했는지 스스로를 평가해보는 것이다.

열정과 노력, 치밀함만큼 중요한 것을 한 가지 더 들라면, '겸손'이다. 너무 진부한 이야기처럼 들릴 것이다. 맞다. 진부한 이야기다. 하지만 태도는 그만큼 힘이 세다. 아니, 태도가 전부다. 모르면 모른다고 하고, 섣불리 아는 체하지 않고, 동료들의 이야기에 귀 기울이는 태도를 팀장 이상의 리더는 반드시 갖춰야 한다.

진짜 인맥 만드는 법

고등이 자라면 고등집도 커져야 하듯, 프로 직장인으로서 성장하기 위해서는 꾸준히 전문 지식과 직무 역량을 강화해야 한다. 리더로서의 리딩 능력, 소통 능력도 키워 나가야 한다. 스스로의 역량을 높이는 가장 효율적이고 확실한 방법은 훌륭한 코치가 되어줄 멘토를 두는 것이다.

멘토는 어디서든 찾을 수 있다. 직장 내 다른 부서의 선임도 좋고 외부 인물이어도 상관없다. 내가 없는 역량을 가지고 있거나 나의 롤모델이 될 수 있는 사람이라면 누구나 멘토로 합격이다. 단, 그 사람이 나를 알고 있어야 한다. 서로 모르는 상황에서 유의미한 조언을 얻는 건 쉽지 않다.

한 가지 조언하자면, 직계 상사는 피하는 게 좋다. 좋은 마음으로 멘토링하더라도 선입견을 가지고 대할 수도 있고, 업무와 연결시켜 생각할 수도 있다. 멘토링은 가능하면 직계 라인은 피하자.

동료를 멘토로 두는 것도 권하지 않는다. 비슷한 업무를 수행하고 비슷한 고민을 하는 사람들끼리는 서로 고민을 나눌 수는 있지만 생각지 못했던 솔루션을 기대할 수는 없다. 그러니 자기보다 위, 그러나 직계가 아닌 회사 내외의 평소 편안하게 지내는 사람 중 지혜와 안목을 가지고 있는 선배나 상사가 있는지 목록을 만들어보라.

멘토링과 리버스 멘토링

어느 정도 직급이 올라가면 팀 내 직원들과의 리버스 멘토링 Reverse Mentoring도 도움이 된다. 임원들이 가장 못하는 부분이 바로 리버스 멘토링이다. 임원이 된 후에도 나는 모르면 무조건 내려가서 묻는 것을 원칙으로 했다. 사장이라 해도 모르는 게 있으면 물어야 한다. 나보다 직급이 낮은 직원에게 묻는 게 민망하다는 생각은 버리자. 발전은 모르는 걸 물어서 알게 되었을 때 이뤄진다. 모르는 걸 그냥 대수롭지 않게, 혹은 아는 척하고 넘기기 시작하면서 현장과 멀어지고 감을 잃게 된다.

임원은 망원경과 현미경을 같이 들고 있어야 한다. 멀리 보고 자세히 보란 뜻이다. 위임하더라도 알고 맡기는 것과 모르고 맡기는 것은 천지차이다. 아무것도 모르는 채 일을 맡겼다가는 문제가 벌어졌을 때 수습할 수 없다. 아니, 문제가 터졌는지조차 모를 수 있다.

뭐든 내가 알고 있어야 다른 사람의 행동이 이해된다. 그렇기 때문에 임원은 모르는 게 없어야 한다. 요즘 MZ세대 직원들이 이해가지 않는다고 혀를 찰 게 아니라 그들이 왜 그런 행동을 하는지 이해하고 분석해야 한다. 이해하면 관계가 좋아지고 관계가 좋아지면 시너지가 폭발하는 건 시간문제다.

나를 임원으로 만든 건 상사급 멘토들이었지만 나를 오랫동안 자리에 머물게 해준 건 같이 고생한 직원들이었다. 특히 관리자 직급으로 올라갈수록 사람과 잘 섞이는 게 중요하다. 리더십을 온전히 발휘하려면 모난 곳을 잘라야 한다. 뾰족뾰족한 것들이 튀어나와 업무에 대한 몰입을 방해해서는 안 될 일이다.

나는 매년 나의 모난 곳을 잘라낼 방법으로 팀원들에게 리버스 멘토링을 요청해 왔다. 나에 대해 솔직하게 평가를 해달라고 했던 것이다.

이때 사용한 방법이 킵KEEP · 스타트START · 스톱STOP 리버스 멘토링이다. 킵, 잘하고 있어서 계속해야 하는 것. 스타트, 새롭게 익혀야 하는 것. 스톱, 당장 그만두어야 하는 것. 이를 통해 내가 몰랐던 나의 모습을 알게 됐고, 남은 알지만 나는 모르는 개선점과 강점을 파악하게 됐다. 리더로서 더 나아지고, 직원들의 업무 효율성 향상에 기여할 수 있도록 해주는 선물이라고 생각하며 하나하나 살펴봤다.

내가 지적받은 대표적인 스톱 사례는 다음과 같다.

갑작스러운 미팅 콜 최소화

미팅 시간의 시작과 끝 엄수

결정 내리면 결과가 나올 때까지 중간 변경 최소화하기

더 많은 위임

언뜻 기분 나쁜 평가일 수도 있지만, 두 명 이상 같은 이야기를 한다면 내가 문제라고 봐야 한다.

《70년생이 운다》,《팀장 사용설명서》등 경제경영서 저자이자 명강사로 활동하는 박중근 캠프코리아 대표(당시는 우리 팀 부장이었다)의 리버스 멘토링은 내 인생의 전환점이었다.

박중근 대표는 내게 "대외적으로 기업 강연 교육을 하면 잘할 것 같습니다. 같이 해보고 싶어요"라는 의견을 주었다. 구체적인 이야기가 궁금해 물었다.

"강연을 하면 잘할 것 같다는 게 무슨 얘기예요?"

"말 그대로예요. 선배님은 치열함이 있고, 그걸 많은 사람한테 알려주고 공유하는 걸 잘하시잖아요. 그런 경험들을 강연으로 풀어내면 정말 좋을 것 같아요."

"내가 할 수 있을까요?"

"그럼요. 저는 나중에 무대에 꼭 함께 서고 싶다는 생각이 드는데요?"

박중근 대표의 이야기를 듣고 생각하지 못했던 나의 잠재력을 알게 된 기분이었다. 아마 그때부터 발표와 강의 능력개발에 더 투자하게 된 것 같다.

아디다스, 나이키, P&G 등 글로벌 기업들은 리버스 멘토링을 제도화하고 있다. 리버스 멘토링의 장점 중 하나는 지위고하를 막론하고 누구에게라도 존경을 표할 수 있다는 것이다. 내가 갖지 못한 것을 가지고 있는 사람, 나에게 새로운 걸 알려주는 사람을 존경하는 것에 나이와 지위는 중요하지 않다. 갑질도 없어진다. 조직 차원에서 자연스럽게 다양성과 수용력이 길러진다. 이는 회사의 가치를 높이고 나와 회사가 함께 성공할 수 있는 원동력이 된다.

'숨고'라는 플랫폼이 있다. 숨은 고수의 줄임말로 이사, 도배, 미장, 용접, 조경은 물론 과외, 스포츠 지도, 미용, 요리 등 다양한 생활 서비스 분야의 숨은 고수들을 고객과 연결해주는 플랫폼이다. 전문업체를 부르자니 부담스러운 생활 속 문제를 숨은 고수들을 통해 해결하자는 것이 이 서비스의 핵심이다. 도배를 하려고 숨고 서비스를 이용한 적이 있는데 우리나라에 도배 장인이 이렇게 많은지 처음 알았다.

그렇다. 세상에는 온갖 고수들이 많다. 전문가도 수두룩하다.

고수는 특별한 사람이 아니다. 나보다 더 많은 경험을 해본 사람들이다. 내가 갖지 못한 지식, 경험, 통찰, 예측, 판단을 가진 사람들이다. 조용하게 자신의 의견을 말하지만 이미 헬리콥터 뷰로 모든 걸 통찰하고 있는 사람들. 그런 사람들을 많이, 기회가 되는 대로 만나야 한다.

100권의 책을 읽는 것도 중요하지만 100권의 책을 읽은 사람을 100명 만나는 것이 더 효과적일 수 있다. 그들은 경험과 지혜로 가득 찬 인간 종합선물 세트다. 책 속에서 익힌 지식은 물론 현실 감각까지 갖추고 있어 그들과의 대화에선 실제 실무에 적용할 수 있는 조언을 정말 많이 얻을 수 있다. 그들은 나보다 뛰어난 멘토일 수도 있고, 리버스 멘토링으로 만난 직원일 수도 있다.

멘토와의 만남이 얼마나 중요한지 알기 때문에 나는 지금도 멘토를 찾아다닌다. 한 단계 한 단계 올라갈 때마다 더 많은 멘토들을 찾았다. 그들은 내가 몰랐던 나의 장단점에 대해 이야기해줬고, 내가 선 자리에서 무얼 해야 하는지 알려줬다. 그들의 이야기를 들으며 변화에 당황하지 않을 수 있었고, 미래를 대비하고 도모할 수 있었다. 성찰하면서 공력을 키울 수 있었다.

누구에게나 배울 게 있다

뒤에 다시 설명하겠지만 2000년 사표를 던지고 1년간 캐나다로 유학을 다녀온 적이 있다. 2년 목표였던 유학은 2002월드컵 준비 때문에 1년으로 줄었고, 돌아온 후 나는 퇴사하기 전보다 더 중요한 프로젝트를 수행해내야 했다. 코칭이 필요했다.

그때 떠오른 분이 제일기획 사장이었던 김낙회 한국광고총연합회 회장님이었다. 그전부터 뵙고 싶었던 분이었다. 하지만 마땅한 기회가 없었다. 학연, 지연, 혈연 무엇과도 관련 없는 데다 직급 차이도 커서 생각만 할 뿐 감히 시도하지 못하고 있었다.

광고와 마케팅에 대한 본질적인 이야기를 나눠봤으면 하고 늘 마음속으로 생각하면서 언젠가는 그분에게 멘토링을 받겠다고 다짐만 하고 있었다. 그런데 그 시점에 꼭 회장님의 코칭을 받고 싶었다. 제일기획에 다니는 친구에게 사정해서 어렵게 회장님과 대면할 수 있었다.

2001년 김낙회 회장님을 처음 뵌 후 지금까지 일 년에 두 번씩은 꼭 멘토링을 받고 있다. 그렇게 한 지 20년이 넘는다. 직장인이 제일 힘들어하는 일 중 하나가 지속성을 유지하는 것이지만 해두면 반드시 도움이 되는 것 역시 지속성이다. 꾸준히 하는 것은 무엇이든 도움이 된다. 우연을 인연으로 만드는 일에 시간은 필수다. 좋은 인연이 오래가는 것만큼 행복한 인생은 없다.

김낙회 회장뿐만 아니라 송대현 전 LG전자 사장, 권오현 삼성전자 고문, 변연배 딜리버리N 사장, 김경준 전 딜로이트 부회장 등을 주기적으로 만나 조언을 얻는다. 나에게 정말 소중한 멘토들이다.

송대현 사장님은 '네버 세이 노Never say no' 위임을 시도해보라고 격려를 해주었다. 권오현 회장님은 위임과 무사욕, 진정성, 겸손에 대해 항상 좋은 말을 해준다. 권오현 회장님의 조언 덕분에 나는 좋은 리더와 나쁜 리더의 기준을 잡을 수 있었다. 김경준 부회장은 컨설턴트 출신답게 일에 대한 세세한 고민을 들어주고 도와주는 멘토다. 풍부한 프로젝트 경험과 뛰어난 통찰력으로 매번 나를 일깨워준다.

주기적으로 만나지는 않지만 이영혜 디자인하우스 사장님은 젊은 감각과 지치지 않는 에너지를 가진 멋쟁이 리더다. 유머러스한 솔직함과 친절함이 배어 있는 대화를 하고 나면 내 안이 긍정적인 힘으로 가득 차는 듯하다.

변연배 부사장님은 국내 최고의 HR 전문가이다. 만날 때마다 HR은 물론 조직 생활을 하는 데 유용한 지혜를 선물해준다. 그는 재즈 여왕 윤희정과 공연을 하고, 와인 칼럼니스트로 활동하는 등 다양한 활동을 하는데, 그런 그를 보면 멋진 삶이란 저런 것이구나 깨닫게 된다. 인생 3막을 준비하는 내 입장에서 자신의 취미와 취향을 어떻게 삶과 연결시킬지 고민하게 한다.

그 외에도 미처 소개하지 못한 훌륭한 이가 여럿이다. 그들과 대화를 나누고 그들의 삶을 지켜보는 것 자체로도 교육이고 배움이다.

배우는 데도 준비가 필요하다

멘토를 만들고 싶다고 해서 딱 맞는 멘토를 바로 찾기란 말처럼 쉽지 않다. 또 꼭 멘토가 되어주었으면 하는 사람이 떠올라도 연락하기 조심스러울 수 있다. 아무래도 인생 이야기를 들려달라고 부탁한다는 건 쉬운 일이 아니다. 멘토를 어떻게 만들어야 할지 고민하는 이들을 위해 나의 이야기를 할까 한다.

얼마 전, 온라인 취업 사이트인 링크드인을 통해 한 대학생이 연락을 해왔다. 스포츠 마케팅을 전공하는 학생이라고 했다. 강형근이라는 개인의 조직 생활 당시 신념, 철학, 성과 창출, 장단기 비전 등에 대한 인터뷰를 과제로 제출하고 싶다며 시간을 내줄 수 있는지 물어왔다. 일면식도 없는 학생의 제안이었지만 적극적인 태도가 감명 깊어서 도움을 주었다.

이런 경우 거절할 사람은 그리 많지 않다. 도움을 줄 수 있는 상황이라면 아마도 대부분의 사람이 적극적으로 행동에 나설 것이다. 나 또한 변연배 사장, 김낙회 회장, 권오현 부회장, 김경준 부회장, 송대현 사장에게 적극적으로 연락해서 지금까지 멘토링 관계를 이어오고 있다.

멘토와 약속을 잡았다면, 단단히 준비해야 한다. 평소 궁금했던 것들, 꼭 알고 싶은 부분, 적용 가능한 경험 등 묻고 싶은 것들을 글로 정리하자. 멘토가 가진 장점과 전문 분야에 대해 궁금한 부분, 통찰을 얻고 싶은 부분은 무엇인지 고민해야 한다. 멘토는 당연히 나보다 바쁜 사람일 가능성이 높다. 아까운 시간을 내주는데 잡담이나 하면서 흘려보낼 수는 없는 일이다. 나는 적어도 3개월 전에 미리 약속을 잡고 질문지를 준비한다.

멘토를 만났다면 열심히 메모한다. 수첩 등 메모 준비는 필수다. 또한 집중하며 듣는 경청이 중요하다. 나는 주로 지금이 아닌 3~5년 후를 바라보고 내가 준비해야 하는 것이 무엇인지 묻는다. 얼마 전 권오현 회장님을 만났을 때는 이렇게 물었다.

"회장님은 현재 70대고, 저는 60대를 향해 가고 있습니다. 회장님이 제 나이로 돌아오신다면 뭘 하시겠습니까? 10년 뒤에서 선배님을 쫓아가는 후배에게 해주실 조언이 있나요?"

회장님의 답은 이랬다.

"젊은 분들을 많이 만나세요. 그들의 생각을 자꾸 알려고 하세요. 그래야 함께 살 수 있어요. 그리고 건강 관리를 잘해야죠. 내 건강뿐만 아니라 배우자, 가족 모두의 건강을 잘 돌봐야 해요. 체력을 기르고 건강한 체질을 유지해야 해요."

내 수첩 속엔 그때 권오현 회장님의 답변이 적혀 있다. 수시로 꺼내 보고 다시 점검하고 그에 맞는 실천 계획을 세운다. 운동도 더 열심히, 아내와 아이들의 건강도 체크하고 있다.

전분 분야의 멘토들을 만날 때는 유념해야 할 것이 있다. 사람마다 축적된 경험이나 환경이 다르기 때문에 상대의 답이 무조건 정답인 건 아니다. 때문에 궁금하거나 알고 싶은 부분에 있다면 거기에 대한 내 생각을 만남 전후에 정리해야 한다. 멘토의 조언을 잘 듣고 돌아와서 이를 어떻게 나에게 맞게 적용하고 개선하고 실천할 것인가 판단하는 것은 자신의 몫이다.

멘토링이 맹목적으로 따라야 하는 세례의 자리가 아님을 기억하자. 내 삶에 알맞게 적용하고, 나의 몸에 맞춰 체화해야지 멘토와 똑같은 삶을 살 수는 없다.

그렇게 하다 보면 자연스럽게 내 삶과 어울리는 멘토들이 추려진다. 지식, 리더십, 경험, 특정 분야의 문제 해결 등 나에게 필요한 코칭과 멘토링이 있을 것이다. 그런 것들을 토대로 그 분야의 전문가가 누구인지, 멘토링 경험이 있는지 잘 알아봐야 한다. 내 경우 인사는 변연배 부사장에게, 리더의 역할과 경영자의 안목은 권오현 회장님에게, 과감한 결단력과 마케팅 아이디어는 김낙회 회장님에게, 경청과 존중의 자세는 위임의 대가인 송대현 전 LG전자 사장님에게 멘토링을 받고 있다.

멘토, 멘티 관계가 생성되면 정기적인, 주기적인 만남이 되도록 세심히 신경 써야 한다. 나는 3개월 정도 시간을 두고 미리 약속을 잡는다. 그렇게 4~5명의 멘토를 일 년에 상하반기 최소

2~4번 만난다. 정기적으로 안부와 근황을 주고받고 평일 저녁 식사 또는 휴일 오후 티타임, 브런치 자리를 갖는다. 이때는 시간을 넉넉하게 잡고 천천히 대화를 나눈다.

나 역시 멘토로서 나를 필요로 하는 멘티들을 만나는 시간을 따로 두고 있다. 주로 주말 점심이나 브런치 시간을 이용하는데, 서로 다른 업종에 대한 정보를 교환하다 보니 함께 배우는 좋은 기회가 되고 있다.

지금은 페이스북이나 링크드인을 통해서 대면하지 않더라도 자기 발전을 지속하기 위한 멘토링이나 코칭을 받기가 이전보다 수월해졌다. 직장에 다니면서 대학원 수업을 듣고, 전경련 강의를 시작한 이유 중 하나는 좋은 인연을 만나기 위해서였다. 책상에 가만히 앉아 있으면 만날 수 없는 다양한 층위의 사람들을 만나려면 오프라인을 나가야 한다.

다양한 사람들에게 맞춤형 코칭을 받는 건 가장 깊이 있는 자기개발 수단이다. 내미는 손을 매몰차게 뿌리치는 사람은 의외로 많지 않다. 내 열정과 고민을 진솔하게 드러내면 대부분의 사람들이, 특히 자신의 일에서 일가를 이룬 사람일수록 자신이 가지고 있는 것을 나누려고 한다. 거절당하면 또 어떤가. 세상에 고수는 많다. 걱정 말고 인생 멘토를 찾아 나서자. 우연을 인연으로 만드는 건 당신에게 달려 있다.

불안에 사로잡히지 않으려면

아디다스에 입사하게 된 이야기를 들려주면 많은 사람들이 그건 당신이니까, 그 당시였으니 가능한 이야기 아니냐고 한다. 맞는 말이다. 내 이야기는 세상이 던진 내 질문에 대한 내 답일 뿐이다. 시대는 바뀌었다. 이제는 막무가내로 찾아가 믿어달라고 해봤자 통하지 않는 세상이다. 하지만 그럴수록 중요한 건 배짱이다.

좋아하는 일이라면 해낼 수 있다는 '배짱'이라는 키워드를 중심으로 자신만의 판을 만들어 나가야 한다. 그리고 그 과정에서 필수불가결하게 동반되는 '실패'를 담대하게 받아들여야 한다. 세계적 기업들이 혁신을 위해 가장 강조하는 것이 '실패를 용인하는 문화'다.

날개 없는 선풍기와 먼지 봉투 없는 진공청소기로 유명한 다이슨의 창립자 제임스 다이슨이 말한 대로 성공은 99%의 실패에서 나온다. 다이슨은 "실패를 즐겨라. 그리고 배워라. 성공에는 배울 것이 없다"고도 했다. 영국의 스티브 잡스로 불리는 그는 무수히 많은 실패 끝에 지금의 다이슨을 있게 했다. 실패가 두려워 아무것도 하지 않으면 노력의 흔적조차 남지 않는다. 그것이 입사든 승진이든 이직이든 목표가 있다면 실패를 무릅쓰고 과감하게 나아가야 한다.

면접 기회를 얻고 싶어 아디다스 경비에게 제지당하면서도 얼굴에 철판을 깔고 일고여덟 번 방문했을 때, 내 머릿속은 사실 온통 거절과 실패에 대한 두려움으로 가득했다. 그러나 내가 찾아가는 한 그날까지 나는 실패한 게 아니라고 다독였다. '나는 목표를 위해 도전 중이다.' 실패하더라도 하는 데까지 해보겠다는 마음가짐이 중요하다.

전 세계 10명밖에 없는 아디다스 브랜드 디렉터가 됐을 때도 마찬가지였다. 바위처럼 무거운 직책을 어깨에 짊어지고 거대한 산 입구에 선 기분이었다. 산 위에 오를 수 있을까, 무게를 이겨내지 못하고 도중에 굴러 떨어지는 건 아닐까 겁도 났다.

하지만 내가 꿈꾸던 자리였다. 실패해서 굴러 떨어지더라도 산 중턱일 것이다. 출발하지 않았다면 산을 밟아보지도 못했을 것이다. 한 발 한 발 어깨에 짊어진 책임감과 부담감의 균형을 잡으며 나아갔다.

두려움의 원인을 파악하라

실패보다는 자신의 강점과 무기를 주시해야 한다. 기본적으로 자신이 잘나지 않고 부족하다는 것을 인정하고 언제든 달라질 수 있다고 믿어보자. 나는 잘나지 않았지만 결코 못난 사람도 아니다. 그래서 다른 사람들의 좋은 점을 배우려고 많이 노력한다. 이런 마음가짐 어떤가?

제우교역에서 아디다스 코리아로 글로벌 가족이 된 후 나는 6명의 외국인 사장과 함께 일했다. 개개인이 가진 장점과 리더십이 모두 달랐다. 유르겐 스트라페의 강점은 직원에 대한 신뢰와 위임이고, 울프강 벤트하이머는 뛰어난 전략가였다. 폴 하디스티는 사교력과 친화력이 끝내주는 사람이었고, 지온 암스트롱은 사람을 존중하고 신뢰하는 리더십의 화신이었다. 장 미셸도 암스트롱과 비슷했는데 그는 위임, 신뢰, 워라밸을 조직 문화로 정착시켰다. 에디 닉슨은 즐겁고 다정한 면이 돋보였다. 그들의 강점을 하나하나 내 것으로 만들려고 노력했다. 신뢰, 위임, 솔선수범, 친화력. 조직의 제일 윗자리까지 간 사람들이 가지고 있는 강점을 벤치마킹해서 어떻게 내 것으로 만들 것인가 고민했다. 또 타산지석이 될 만한 부분도 관찰해서 먼저 주의하고 고치려고 노력했다.

강점을 보강하려고 노력했지만 누구에게나 약점이 있는 법이다. 한때 나는 임원회의에서 말을 거의 하지 않았다. 리더에게 왜 의견을 말하지 않느냐는 지적을 받기도 했다. 여러 번 지적을 받으면서도 행동을 바꾸지 못했다. 임원회의 때마다 비슷한 소리를 들으면서도 말이다. 왜 그랬을까? 공포의 실체를 깨닫지 못해서였다.

공포의 근원을 찾아내는 건 생각보다 어렵지 않았다. 나의 내면을 가만히 들여다보면 금방 눈치챌 수 있는 것이었다. 내가 임원회의에서 의견을 내지 않은 건 혹시 다른 이들과 의견이 달라 불이익을 받지는 않을까 하는 두려움 때문이었다. 평소에는 목소리가 크고 의견이 강하고 말이 빠른 나인데 임원회의에서마저 다른 의견을 내서 공격적이라는 인상을 주고 싶지 않았던 것이다. 그것 때문에 역으로 공격받지는 않을까 걱정도 됐다. 내 의견을 관철시키기 위해 여론을 조성하는 스타일이 아니다 보니 말 한마디로 궁지에 몰릴 것 같은 두려움이 있었다. 근본 원인을 알게 되자 해답이 보였다. 나는 우선 나를 다독였다.

'반대 의견을 내더라도 상대방이 나를 해치려 들 리 없어. 회사는 다양한 의견을 듣고 싶어 할 거야. 누구 한 사람의 회사가 아니라 우리 회사잖아. 사장은 다양한 의견과 진실을 듣고 싶을 거야. 다르더라도 내 의견을 말하는 게 회사를 위하는 길이야.

위협받지 않아. 그러니까 공포를 느낄 필요 없어. 자, 이제 행동을 바꾸도록 해.'

반대 의견을 내더라도 적이 되는 게 아니라 다양성으로 인정해줄 거라는 믿음으로 나를 다독이자 어느 순간 말이 터져 나왔다. 언젠가 독일 본사에 출장을 갔을 때는 내 의견을 마구 이야기했다. 독일에서 돌아오니 사장이 나를 불렀다.

"HK(외국인 직원들은 나의 이름 약자를 따서 HK라고 부른다)! 본사의 브랜드 디렉터에게 전화를 받았어요."

"무슨 일로 말입니까?"

"놀라면서 말하더라고 우리 HK가 달라졌어요, 라고. 하하하. 자기 의견을 엄청 쏟아냈다면서요. 무슨 일이 있었던 거예요?"

나에게는 또 하나의 공포가 있었다. 바로 '마이크로 매니지먼트'에 대한 것이었다. 나는 혹시라도 실수가 있을까 봐 일을 시켜놓고도 100% 위임하지 못하는 스타일이었다. 잘못하면 망신을 당할 텐데, 아무리 직원의 잘못이라고 해도 팀의 일인데 실패하면 내 자리가 없어질지도 모른다는 생각이 나를 지배했다. 이런 성향은 앞에서도 말했듯이 리버스 멘토링의 단골 의견이기도 했다.

이 부분을 어떻게 고쳐야 할까? 진지하게 생각해보니 내가 가지고 있는 경력에 팀의 실수가 큰 위협이 되지는 않을 것 같았다. 믿고 위임하자. 내 팀원들은 분명히 잘 해낼 것이다. 그렇게 변화를 시도했다. 그리고 이런 공포에 대한 이야기를 임원 워크숍에서 고백했다. 단상에 올라가 마이크를 잡고 전 임원 앞에서 나의 결점에 대해 다 털어놓은 것이다.

"고백할 것이 있습니다. 저에게는 두 가지 공포가 있었습니다. 첫 번째는 남과 다른 의견을 말하면 적으로 몰리고 공격을 받을 거라는 공포심이 있었습니다. 그래서 다양한 의견이 있지만 말하지 못했습니다. 여기 있는 임원들이 저를 공격할 것도 아니고, 비난할 것도 아니고, 당하지 않을 거라는 걸 알고 있는데도 말이죠. 앞으로 그런 생각은 접고 다양한 의견을 내겠습니다. 두 번째 마이크로 매니지먼트 했습니다. 내가 실패하고 내 자리가 없어질지도 모른다는 공포 때문에 위임하지 못했어요. 그러나 앞으로는 직원들이 다양한 시도를 하도록 해줄 겁니다. 우리 직원들이 새로운 시도를 할 때 너그럽게 수용해주는 임원이 되어보려고 합니다. 앞으로 달라질 수 있도록 여러분이 많이 도와주었으면 합니다."

아픈 걸 아프다고 말하고 나니 속이 후련했다. 실패에 대한 두려움을 극복하는 것에는 두려움의 근원을 먼저 파악하는 것이 큰 도움이 된다. 원인이 무엇인지 알고 나면 답이 보인다.

실패해도 괜찮아!

2016년 미국의 명문 여자 사립 대학교 스미스 대학 캠퍼스에 서는 가을 신학기를 맞아 영상 하나가 방송됐다. 학생과 교수들 이 번갈아가며 자신이 겪은 최악의 실패담에 대해 이야기하는 영상이었다. 대학에 와서 처음 치른 시험에서 낙제한 학생, 사랑 에 실패한 학생, 가족과의 관계에 실패한 학생 등 여러 학생이 자신의 이야기를 담담히 고백했다. 어느 영문과 교수는 F가 가 득했던 자신의 학창 시절 성적표에 대해 말했고, 미국 문학을 연 구하는 교수는 문예지에서 스물한 번 거절당한 자신의 시에 대 해 이야기했다. 스미스 대학은 '잘 실패하는 법'이라는 프로그램 의 일환으로 영상을 제작했다. 고등학교 때까지 실패라는 걸 모 르고 살았던 엘리트 학생들이 대학에 와서 좌절을 느끼고 무너 지는 것에 대한 대책의 일환으로 이겨야 한다는 강박관념에서 벗어나 탄력성을 갖춘 인재로 키워내기 위해 만든 프로그램이 었다.

'잘 실패하는 법' 프로그램의 첫 번째 목적은 '실패라는 단어 에 낙인 찍힌 과도한 오명을 벗겨내는 것'이었다. 스미스 대학의 프로그램은 아무리 많이 실패해도 그가 소중하고 한없이 자랑 스러운 사람이라는 건 변하지 않는다는 사실을 일깨워줬다.

젊으면 젊을수록 실패를 경험해보지 못했을 확률이 높다. 실 패라는 단어와 상황이 무척 낯설 것이다. 그런 사람들은 실패가 건잡을 수 없이 삶을 덮치면 속수무책 무너진다. 실패의 그림자는 그 꼬리가 엄청 길 것 같지만, 낮이 되면 태양빛 아래 자연스럽게 사그라진다.

아마존에는 혁신의 3C 원칙이 있다. 고객 집착CUSTOMER OBESSSION, 호기심CURIOSITY, 실패 용인의 문화CULTURE가 그것이다. 실패 용인 문화는 창업자인 제프 베이조스가 시작부터 마지막까지 끊임없이 강조한 부분이다.

베이조스는 1997년부터 매년 편지를 써서 주주들과 자신의 생각, 분석, 미래 계획 등을 편지로 공유했다. 그러면서 자주 실패를 언급했다. "아마존의 최대 성공은 실패로부터 온 것"이라며 "회사가 가끔씩 수십억 달러 손실을 보더라도 우리는 우리 회사 규모에 적절하다고 생각되는 실험을 계속할 것입니다. 물론 그런 실험을 무심하게 지나쳐서는 안 되지요. 그런 실험이 좋은 시도가 될 수 있도록 열심히 노력해야 합니다. 하지만 모든 좋은 시도가 성과를 거두는 것은 아닙니다. 회사가 성장함에 따라 모든 것의 규모가 커졌고, 실패한 실험의 규모도 커졌습니다"라고 주주들에게 솔직하게 이야기했다.

주주들에게 보내는 그의 경영 철학이 담긴 편지는 매년 화제가 된다. 빨리 실패하고 개선하라, 십중팔구 실수하더라도 가끔 홈런도 친다, 아마존은 가장 성공한 회사보다 가장 편하게 실패하는 회사여야 한다, 실패와 혁신은 쌍둥이다, 우리가 끊임없이 실패에 도전하는 이유다 등 '실패'라는 단어가 그의 편지에 거침없이 등장하는 이유는 무엇일까? 성공하는 데 실패는 필수불가결한 경험이라는 걸 잘 알고 있기 때문이다.

베이조스는 CNN과의 인터뷰에서는 세계 최초 3D 스마트폰인 파이어폰Fire Phone의 처절한 실패담으로 밑거름 삼아 AI 음성인식 서비스 알렉사를 만들게 됐다고 했다. 현재 스타트업, 비영리단체, 정부기관, 주요 기업 등을 포함한 수백만 고객을 보유한 아마존의 클라우드 컴퓨팅 서비스 AWS도 실패와 실험을 거듭한 끝에 탄생했다.

베이조스가 아마존의 최고경영자 자리를 떠나면서 직원들에게 보낸 편지에도 역시 '실패'에 대한 메시지가 들어가 있다. 아마조니안(Amazonian: 아마존 직원)들에게 올리는 편지의 마지막 구절에는 이런 내용이 적혀 있다.

끊임없이 발명하세요. 처음에 아이디어가 말도 안 되는 것처럼 보이더라도 절망하지 마세요. 헤매는 것을 잊지 마세요. 호기심이 여러분의 나침반이 되도록 하세요. 항상 첫 번째 날로 남을 수 있게 하세요.

지금은 메타로 사명이 변경된 페이스북의 사무실 벽면에는 '빨리 시도하고 빨리 실패하라. 그리고 거기서 배우고 개선하라

Move fast and Break it. Fail fast, and Learn from failure !'라고 써 있다. 혁신 기업의 정신이 잘 느껴지는 대목이다.

지금은 뷰카VUCA(변동성Volatility, 불확실성Uncertainty, 복잡성 Complexity, 모호성Ambiguity의 약자)의 시대다. 모호함 속에서 길을 찾아가야 한다. 세대 불문, 직급 불문이다. 이 시대를 살아가는 직장인들의 시대 코드는 여기에 맞춰져야 한다. '트라이&에러 Try & Error'. 일단 다양하게 시도해보고 실패하면 수정하고 보완 해 방향을 돌려 또 해보는 것이다. 이런 방식이 최근에 더욱 주 목 받고 있는 애자일 업무 방식이다. 애자일Agile이란 '기민한, 민 첩한'이라는 뜻으로 부서간 경계를 허물고 팀원에게 권한을 부 여해서 신속하게 업무를 진행하는 방식을 말한다. '상사로부터 결재를 받지 않고, 실무자가 결정권을 가지고, 시행착오를 거치 며 일을 진행하고, 수정이나 개선이 필요 할 때에, 신속하게 대 응'하는 방식이라고 정리할 수 있다.

기민한 조직들이 나타내는 전형적인 특성들은 무엇일까? 역 동적인 사람 중심으로 팀이 구성되고, 이 팀이 권한 위임을 받은 네트워크 팀을 또 만들고, 빠른 의사결정과 학습 사이클로서 새 로운 혁신 상품, 혁신 서비스를 개발한다. 애자일 조직이 인기를 얻게 된 것에는 이유가 있다. 지금 기업들은 전례 없는 위협에 직면해 있다고 해도 지나친 말이 아니다. 기업간의 경쟁은 더욱 더 치열해졌고, 예측불허의 리스크에 상시 노출되어 있으며, 또

한 경계가 사라지는 빅블러Big Blur 상황에서 잠재적 경쟁자들과도 어깨를 겨뤄야 하는 상황에 이르렀기 때문이다.

이러한 정신과 작동법은 스타트업의 특성이지만 지금은 대기업에서도 배우려고 하는 기업 문화다. 동시에 조직에서 일하는 개인 차원에서 새롭고 창의적인 아이디어와 방법을 찾아낼 수 있는 좋은 사고법이기도 하다.

주기적으로 만나는 구글 임원이 있다. 그는 스타트업에 종사하는 사람들을 자주 만나고 얘기를 나눈다며, 스타트업이 성장해가는 과정에 대해 이런 이야기를 들려줬다.

"1만 명이 같은 자리에서 새로운 정보와 기술을 소개받으면 그중 1000명이 직접 행동으로 옮겨 실행과 시도를 해요. 그리고 그중 100명이 성공에 근접하고, 또 그중 10~15퍼센트만 최종적으로 성공과 결실을 거둬요. 중요한 건 성공에 근접했다가 결실을 이루지 못한 80명이 재도전했을 때 80퍼센트 정도가 크든 작든 성공의 결실을 거둔다는 겁니다."

매우 인상적이었다. 지금 같은 격변기의 직장인과 기업인들의 생각은 ROI Return on Investment가 아닌 LOI Learn on Investment로 가고 있다. 다시 시도하고 수정, 보완, 개조해가는 것 이상으로 실패에서 얻은 학습, 경험 자본이 중요한 세상이 됐다.

글로벌 혁신 기업들은 왜 새로운 시도와 실패에 관대할까? 실패를 통해 누구도 경험하지 못한 새로운 세계에 진입할 수 있기 때문이다. 성공에는 배울 것이 없다는 제임스 다이슨의 이야기를 새기며 배짱으로 도전하고 시도해보자.

마지막으로 덧붙이자면, 디지털 트랜스포메이션 시대의 애자일 업무 방식을 나의 것으로 체화하려면 다음 다섯 가지 C를 기억하고 적용해보면 좋겠다.

첫 번째, 새로운 정보와 지식을 수집(Collect)하고, 그것을 기존 지식과 섞어보고(Combine), 연결시켜보고(Connect), 변화해본다(Change). 이를 통해 새로운 기회를 잡는다(Catch). 이러한 방식은 불확실성이 지배하는, 그래서 정답이 매일 바뀌는 시대를 살아가야 하는 지금의 우리가 가져야 할 일하는 방식이다.

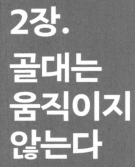

2장.
골대는
움직이지
않는다

The goal post
never moves

핵심 인재가 되는
단계별 성장법

Intro

광인狂人의 시대다. 바야흐로 미쳐서 몰입하는 사람들이 자신의 역량을 발휘하며 인정받는 시대가 왔다. 신발에 미친 조만호 대표가 무신사를 만들었듯이 미치는 사람은 이기고 미치지 않으면 지는 세상이 됐다. 나 자신에 대해 알아내고 나도 모르는 나를 발견했다면 이제 진정 원하는 것에 미쳐봐야 한다.

골대는 움직이지 않는다. 목표는 그 자리에 있다. 골대에 공을 차 넣으려면 몰입해야 한다. 넓이와 깊이를 함께 가져갈 수 있도록 흠뻑 빠져들어야 한다.

IBM은 면접 때 자격증이 있는지 묻는다. 전문 자격증이 있는지 묻는 것이 아니다. 어느 하나에 몰입해 이뤄낸 경험이 있는지 확인하기 위한 수단이라고 한다. 예를 들어, 바이오헬스에 대한

AI 개발을 위해 IBM에 입사하려는 의학 전공자가 댄스 스포츠 자격증이 있거나 아마추어 오케스트라 지휘 경력이 있다면 높은 점수를 받는다. 자신의 전문 분야 외에 시간을 내 몰두한 경험들을 높이 평가하기 때문이다.

특정 분야의 지원자라면 누구나 하드 스킬은 갖추고 있을 것이다. 이제는 개인의 소프트 파워가 힘을 발휘하는 시대다. 앞으로 기업에서 원하는 인재는 좋은 학력을 갖춘 무색무취한 전공자가 아니다. 이타심을 갖춘 포용력 있는 사람, 변화에 대한 적응력이 있는 사람, 다양성을 광범위하게 이해하고 흡수할 수 있는 사람이다. 정답이 없는 시대에는 이런 사람들이 인재로 발탁된다는 걸 알고 움직여야 한다.

축구 선수들은 경기를 할 때 추가 시간과 연장전까지 대략 두 시간 정도 그라운드 위를 달린다. 때론 공격하고 때론 수비하면서 달리고 또 달리고 또 달린다. 그들을 보면 광인의 시대에 우리가 어떻게 살아야 하는가를 몸으로 보여주는 듯하다. 숨이 턱 끝까지 차올라도 흐트러지지 않는 정신력과 빛나는 눈빛이 때론 숭고해 보일 정도다. 골대를 바라보는 그들의 의지는 흔들리지 않는다.

축구 선수들은 경기장에 들어가기 전, 엄청난 양의 물을 마신다. 어마어마한 양의 땀을 흘리기 때문이다. 충분한 수분을 섭취하지 않으면 경기 중 탈수로 쓰러질 수도 있다. 갈증을 느낀다는 건 이미 탈수가 진행되고 있다는 신호다. 때문에 선수들은 경기 전 물로 몸을 채운다. 미쳐야 살아남는 시대에 충분한 수분 공급은 필수다. 아직 경기가 끝나지 않았는데 탈진해서 쓰러지는 일은 없어야 하지 않은가. 일에서 승부를 낼 생각이라면 축구 선수들이 경기 전 미리 물을 마시듯 준비해야 한다. 자신의 역량을 키워야 한다.

골대는 항상 그 자리에 있다. 나를 흔드는 건 부족한 준비일 뿐이다.

불가능을 가능으로 바꾸는 6C 로직

나이키의 대표적인 슬로건이 '저스트 두 잇Just Do It'이라면 아디다스의 대표 슬로건은 '임파서블 이즈 낫싱Impossible is nothing', 즉 '불가능, 그것은 아무것도 아니다'이다. 전 세계 소비자들이 아디다스 하면 떠올리는 슬로건이다. 2004년 이 캠페인을 시작했을 때 반응이 정말 뜨거웠다.

캠페인의 첫 주인공은 하키와 스케이트보드 선수였으나 사고로 두 다리가 마비된 스테이시 코헷이었다. 영상은 그가 작은 보조바퀴 두 개가 더 달린 휠체어에 앉아 있는 것에서 시작된다.

"어렸을 때 난 불가능한 것은 없다고 믿었다. 못 하는 게 없었으니까. 하지만 불가능은 전혀 다른 방식으로 내 앞에 찾아왔다. 그러나 달라진 것은 없다. 난 여전히 네 개의 바퀴를 쓴다. 잘 보라고, 난 지금도 할 수 있어. 불가능, 그것은 아무것도 아니다."

스테이시 코헷은 두 다리를 잃은 아픔을 극복하고 1994년 릴레함메르 동계 패럴림픽 금메달리스트이자 오스트리아 레히에서 열린 세계 선수권 대회 다운힐과 슈퍼 G 부문 우승자가 된다. 전 세계로 송출된 이 짧은 영상은 묵직한 감동을 전해주었다.

이 캠페인의 다음 주인공은 리오넬 메시, 데이비드 베컴, 길버트 아레나스, 옐레나 이신바예바, 라일라 알리 등 시련과는 거리가 멀어 보이는 슈퍼 스타들이었다. 이 선수들 역시 세계 최고의 자리에 오르기까지 겪어야 했던 말 못 할 사연들을 풀어냈다. 불가능은 누구에게나 온다. 이를 이겨내는 것은 특별한 능력이 아니라 마음에 달려 있다는 이들의 메시지는 지금도 많은 사람들에게 희망을 주고 있다.

불가능할 것 같은 목표를 성취해내는 비결은 무엇일까? 메시, 베컴, 알리, 이신바예바도 신체적 한계와 슬럼프라는 장애를 극복하고, 또 자기의 단점보다는 장점을 강점으로 특화시켜 자기만의 성공 공식을 새로 만든 크리에이터들이라는 사실을 많은 사람들이 모르고 있다. 뻔해 보이는 말 같지만, 목표를 분명히 세우고 기회를 모색하며 찾아온 기회를 놓치지 않는 능력을 길러야 한다.

오지 않을 것 같지만 기회는 반드시 온다. 다가온 것이 기회인지 몰라서 놓치는 것일 뿐, 누구에게나 자신이 원하는 곳으로 방향을 틀 기회가 온다. 그러니까 맡은 바 일을 열심히 하다 보면 기회가 보이고 그걸 잡을 확률이 매우 높아진다. 세상은 준비된 자를 반드시 알아본다. 준비된 자는 빠르고 늦고, 시기의 차이는 있지만 결국 기회를 잡게 된다는 사실에 지금도 한 치의 의심이 없다.

개인적인 이야기를 덧붙이자면, 입사 3개월 때쯤 지금의 아내를 만났다. 연애를 6개월쯤 했을 때 지금의 아내인 여자친구를 회사 앞으로 데려가 이렇게 말했다.

"이 회사는 사장이 두 명 있어. 김현우 사장, 그리고 나 강형근 사장."

재수 없게 들려도 어쩔 수 없다. 진심이다. 아디다스를 떠났지만 이 생각은 지금도 마찬가지다. 매일 아침 출근길이 기대될 정도로 일이 정말 재미있었다. '회사'에 다닌다기보다는 '내 일'을 한다는 느낌이 컸다. 남의 일을 대신해주는 게 아니라 내 일을 하는 것이니 더 잘하고 싶고, 잘되면 뛸 듯 기뻤다. 회사의 성장이 곧 나의 성장이라는 생각으로 최선을 다했다.

불가능을 가능으로 만든 것은 이런 마음가짐 덕분이라고 생각한다. 물론 무조건 회사에 복종하라는 말이 아니다. 나와 꼭 맞는 회사를 고르고, 일을 시작하면 한 배를 탄 동료처럼 함께 성장해야 하려는 마음을 먹어야 한다. 회사와 나를 공정하게 동반성장시켜야 한다. 이를 나는 미러링mirroring이라고 부른다. 찾아온 기회를 포착하고 이를 현실화하는 구체적인 방법을 소개한다.

효율적 몰입

커리어 골과 비전이 분명할수록 전력투구해야 할 이유가 생긴다. 나를 아는 모든 사람들이 내 이름 뒤에 꼬리표처럼 붙이는 단어가 '열정'과 '치열'이다. 회사가 나에게 기회를 준 이유 역시 나를 따라다니는 이 두 단어에 있다고 생각한다.

자기 경영 마인드로 무장해야 한다. 일을 했으면 성과를 내야 하고, 지속적으로 성과를 내기 위해서는 현재에 안주하는 것을 넘어 일에 몰입해야 한다. 몰입은 안주와 한 차원 다른 단계다. 둘의 차이점은 적지 않다.

안주하는 사람의 특징은 다음과 같다.

- 주어진 일만 열심히 한다.
- 틈틈이 직장에서 사적인 일을 한다.
- 최소한의 일만 한다.
- 직장은 월급을 받기 위한 곳이라고 생각한다.
- 새로운 일을 하는 것을 번거롭게 생각한다.

몰입하는 사람은 같은 일을 하더라도 완전히 다른 양상을 보인다.

- 일을 통해 끊임없이 배우고 성장한다.
- 업무 스트레스가 없지 않으나 일 자체를 재미있고 흥미롭게 받아들인다.
- 더 나은 성공을 위해 약간의 위험을 감수할 용의가 있다.

현재 나는 안주하고 있는지 몰입하고 있는지 스스로 점검해보길 바란다. 업력과 공력은 다르다. 오래 일을 했다고 내공을 갖춘 고수가 되는 것은 아니다. 현재의 명함과 타이틀을 빼고 내가 가진 순수한 전문성과 역량, 실력이 나의 브랜드 가치이자 공력이다. 이제는 업력보다 진정한 실력과 공력을 키워보자.

안전장치는 필요하다

자동차는 시동을 건다고 앞으로 나가지지 않는다. 충분한 연료가 있어야 하고, 액셀러레이터를 밟아야 비로소 전진한다. 근사한 계획을 세웠더라도 동기 부여라는 연료가 없거나 실천이란 액셀러레이터를 밟지 않으면 성취를 이룰 수 없다.

그러나 안전운전을 위해서는 브레이크도 필요하다. 액셀러레이터는 브레이크가 있어야 마음 놓고 힘껏 밟을 수 있다. 언제라도 속도를 줄이고 멈출 수 있는 장치가 반드시 있어야 한다. 힘껏 속력을 높여 달리기만 하면 사고의 위험이 높아진다. 위급 상황에 대처할 수 없다.

직장 생활에서 브레이크는 휴식, 즉 충분히 쉴 수 있는 자신만의 충전 시간 같은 것이다. 머리말에서 언급했듯, 나는 정시 퇴근을 하나의 원칙으로 삼았다. 나에게는 '칼퇴'가 안전장치였다. 일에 몰두해 월화수목금금금으로 사는 이들을 자주 본다. 쉼 없이 달리기만 하는 건 서서히 사그라드는 과정에 다름아니다.

나는 병적으로 야근을 싫어했다. 내가 하는 것도 싫었지만 내 팀원들도 될 수 있으면 못 하게 했다. 야근은 미래를 갉아먹는 짓이다. 기회가 있을 때마다 팀원들에게 "절대 야근하지 말아요"라고 당부하곤 했다.

요즘 경영진을 대상으로 강연을 자주 하는데, 그 자리에서도 특히 강조하는 것이 야근을 하지 말라는 이야기다. 칼퇴, 휴식 문화를 만들기 위해서는 윗사람들이 먼저 바뀌어야 한다. 그래야 모두가 야근 없이 성과를 내는 시스템으로 갈 수 있다. 그게 가장 좋은 모습이지만, 그런 회사 분위기가 아니더라도 자기 의지로 충분히 야근을 최소화할 수 있다.

나는 상사가 퇴근하지 않으면 할 일이 없어도 자리를 지켜야 했던 시절에도 칼퇴했다. 업무 시간에 내가 할 일을 밀도 있게 끝낸 덕분에 가능했다. 협업할 때도 될 수 있으면 내가 맡은 부분을 빨리 끝내고 상대를 도와주면서 나의 원칙을 지키려고 애썼다. 처음엔 저 사람은 뭔가 하고 색안경을 끼고 바라보던 상사나 동료들도 나중엔 그러려니 하게 됐다. 체념이 아니라 칼퇴를 할 만하다고 인정한 것이다. 사람마다 브레이크는 다양하다. 칼퇴가 아니라도 좋다. 바쁜 일상 속에서도 휴식을 취할 수 있는 나만의 브레이크를 하나쯤은 마련해두어야 한다. 그렇지 않으면 탈선하게 될지도 모른다.

비즈니스 감지력을 키워주는 6C 로직

목표를 향해 전력투구할 때도 중간중간 제대로 가고 있는지 점검해야 한다. 요즘 내비게이션에는 변화하는 교통 상황에 따라 새로운 경로를 알려주는 기능이 있다. 일을 할 때도 마찬가지다. 목표를 단순히 점 찍어두듯 볼 게 아니라 계속해서 나아갈 길을 점검하고 살펴야 한다. 목표의 개선과 수정은 끊임없이 거쳐야 하는 과정이다.

새로운 길을 찾느라 잠시 멈추거나 신호에 걸릴 수도 있지만 지도가 있으면 계속 나아갈 수 있다. 이미 목표를 향하고 있기 때문이다. 한 걸음, 아니 반 걸음이라도 빠르게 실행하는 사람은 꾸준하게 승진하고 성장한다. 비슷한 고민과 노력 사이에서 우뚝 설 수 있는 한 걸음은 두 가지 능력으로 설명된다. 감지력과 실행력이다.

강연 프로그램 〈세상을 바꾸는 시간 15분〉에 출연했을 당시의 이야기다. 제작진은 나의 이야기 속에 실패담을 녹여주길 원했다. 어떤 강연을 할 것인가 함께 회의를 하고 돌아와 많은 고민을 했다. 어떤 실패담을 들려줘야 할까? 그런데 도무지 떠오르지 않았다. 결국 강연 날 실패에 대한 이야기는 들어가지 않았다.

지나치게 오만한 것 아니냐고 생각할지 모르지만 실제로 직장 생활을 하면서 나는 거의 실패한 적이 없다. 나는 그 이유가 감지력 때문이라고 생각한다. 남들이 갖지 못한 뛰어난 능력이 있어서가 아니라 항상 안테나를 세워놓고 변화에 예민하게 반응하다 보니 위기가 닥쳤을 때 빠르게 대책을 준비할 수 있었다.

감지력은 타고나는 것이 아니다. 후천적 노력으로 얼마든지 키울 수 있다. 거창한 것도 아니다. 세상이 어떻게 돌아가는지 상황을 빨리 알아채려는 노력만 갖추면 된다. 신문과 잡지, 주요 트렌드나 전망과 관련된 양질의 콘텐츠를 꾸준히 탐독하면 얼마든지 예민한 감각을 키울 수 있다.

특히 나는 마케터로서 감지력을 주요 국가 트렌드Country, 경쟁자Competitor, 소비자Consumer, 고객Customer, 핵심 도시의 새로운 움직임City, 다양한 채널Channel이라는 6C 로직을 통해 훈련한다.

오감을 열어놓고 이 여섯 가지 키워드와 관련된 것들을 흡수하고 있다. 6C 로직에 대한 훈련이 되어 있는지 직원들에게도 식사할 때나 차를 마실 때 툭툭 질문해보곤 했다. 특히 하이 포텐셜HIPO, High-potential Employee 직원을 상대로 자주 물었다.

"요즘 트렌드 키워드가 뭐예요? 다른 브랜드들은 마케팅을 어떤 방향으로 진행하고 있어요?"

아주 기초적인 질문이지만 감각을 열어놓고 있는 사람과 그렇지 않은 사람의 대답은 천지차이다. 질문 하나만으로 사람을 평가해서는 안 되지만 상사들은 그런 하나하나를 모아서 능력의 수치를 가늠하게 마련이다. 그러니 항상 예민한 감지력을 유지해야 한다. 자신이 몸담은 분야의 방향과 전망에 대해서는 언제든 자신있게 말할 수 있도록 꼼꼼하게. 파도가 내 몸을 덮치기 전에 반 걸음 빠르게 파도 위에 몸을 실어야 한다.

세계 각국의 상황, 나의 경쟁자, 우리 회사의 역량 변화, 고객들의 움직임, 소비자들의 반응, 물건을 파는 채널, 각국의 도시 변화에도 촉을 세운다. 도시마다 소위 '핫한' 골목이 생겨나듯 시대마다 주목받는 새로운 도시들이 등장한다. 1990년대 뉴욕과 도쿄, 2000년대 홍콩과 상하이, 최근 서울까지 각 시대를 대표하는 도시를 탐구하다 보면 마케팅의 방향이 자연스럽게 잡히기 마련이다.

이렇게 자신만의 감으로 정리한 로직들이 풍부하면 여러 면에서 유리하다. 목표에 올라서는 도구뿐 아니라 관계를 맺는 데 있어서도 상당히 긍정적인 요소로 작용하기 때문이다. 꼭 비즈니스를 위한 의사결정이 아니더라도 도움이 된다. 본사 임원이나 의사결정권자와 단 둘이 한 공간에 있게 됐다고 생각해보자. 준비된 자신만의 로직을 통해 공통 관심사에 접근하면 거리감을 금방 좁힐 수 있다. 우연한 기회가 생겼을 때 이를 놓치지 말고 꾸밈없이 자신을 보여주고 역량을 드러내야 한다. 다짜고짜 개인기를 선보일 순 없으니 이렇게 틈틈이 레이더를 세워 준비해둔 것들을 써먹어야 한다.

감지력에 실행력이 첨가되면 금상첨화다. 오던 실패도 뒷걸음질치게 만드는 비법이 바로 이것이다. 힐링이 한참 사회의 화두가 되었을 때 사내 HIPO 직원과 이런 대화를 나눈 적이 있다.

"요새 2030 여성들에게 유행하는 것은 뭔가요?"

"요가나 명상, 필라테스 붐이 일고 있어요. 격한 운동보다 자신을 돌아보고 몸과 정신 두 가지를 다 돌볼 수 있는 운동을 선호하는 방향으로 흘러가는 추세입니다."

"이런 변화 속에서 경쟁사들은 어떻게 움직이고 있나요?"

"요가복 수요가 높아짐에 따라 관련 제품들을 출시하고 있어요. 나이키도 레깅스를 출시하기 시작했고, 요가복계의 샤넬이라 불리는 룰루레몬의 시장점유율도 점점 높아지고 있어요."

"우리 상황은 어때요?"

105

"아디다스는 아직 그쪽으로는 빈약합니다. 거의 없다고 봐야죠. 남성 위주의 제품이 주를 이루고 있기 때문입니다. 여성 소비자를 위한 제품 보강이 필요해요."

"트레이닝 카테고리에서 우먼스 비중이 어떻게 되는데요?"

"우리는 남성 상품 매출이 80퍼센트입니다."

"큰일이네요. 우먼스 시장을 더 키워야겠네요. 매장 조사하고 여성 고객 구매 빈도도 확인해줘요."

이 대화를 통해 비즈니스 기회를 잡고 브랜드 역량을 높이는 것은 물론 HIPO 직원의 잠재력까지 파악할 수 있었다. 사실 별로 특별한 질문도 아니었다. 임원급이라면 대부분 이와 비슷한 질문을 한다. 우리나라의 요즘 트렌드가 뭔지, 경쟁업체는 그와 관련해 어떤 행동을 취하고 있는지, 어떤 소비가 이뤄지고 있는지, 우리는 타깃 고객층에 대한 준비가 되어 있는지, 해당 트렌드를 장악할 레퍼런스가 될 만한 도시가 있는지, 그렇다면 어떤 방향으로 나아가야 하는지, 6C 로직을 바탕으로 연구하고 조사하고 체화하고 질문하고 대답할 수 있어야 한다.

'용산 아이파크몰 아디다스 풋볼 더베이스'는 6C 분석을 바탕으로 탄생한 대표적 아이템이다. 당시 대한축구협회 정몽규 회장이 용산 아이파크몰 옥상을 축구장으로 만들려고 구상하고 있다는 소식을 듣게 됐다. 구상 단계라 어떤 식으로 축구장이 만들어질지 알려진 바가 없었다. 나는 출장차 베를린에 갔을 때 들렀던 풋볼베이스장을 떠올렸다.

축구 연습장이라고 하면 공만 차는 곳이라고 생각하기 쉽지만, 독일은 축구 연습장이라는 공간을 활용해 다양한 콘텐츠를 만들어내고 있었다. 소규모 공연을 하거나 댄스 경연장으로 쓰기도 하고, 다양한 이벤트나 플리마켓 장소로 활용하기도 했다. 이후 런던, 도쿄 등으로 출장을 갈 때마다 각 도시에 있는 풋볼베이스장을 찾아다녔다. 풋볼베이스장은 단순한 축구 연습장을 넘어 청년들의 다양한 활동을 지원하는 베이스캠프 역할을 하고 있었다.

우리나라에도 그런 공간이 생겼으면 했다. 15살에서 24살까지 청소년과 청년들에게 축구는 놀이이자 즐거운 대화거리다. 박지성 선수를 시작으로 우리나라 프로 축구 선수들이 프리미어리그에 진출하면서 유럽 축구는 더 이상 먼 나라 이야기가 아니다. 해외 스타들과 어깨를 나란히 하는 우리 축구 스타들의 인기도 날로 높아지고 있다. 우리나라에 풋볼베이스장이 생긴다면 이들이 마음 놓고 놀 수 있는 공간이 될 터였다.

축구를 좋아하는 청소년과 청년들의 축구 메카를 만들자는 목표를 정하고 현장 조사를 나갔다. 먼저 대리점을 돌면서 청소년, 청년 고객들의 소비 성향을 알아봤다.

"축구화 잘 나가요?"

"학생들이 많이 사가죠. 축구화가 생각보다 빨리 닳아요. 괜찮은 인조 구장이 있는 것도 아니고, 또 좋은 데는 어른들이 미리 예약해서 쓰기 때문에 학생들은 흙바닥에서 많이 하잖아요."

"매출에 영향을 줄 정도인가요?

"어른들이 비싼 제품을 사긴 하지만, 운동을 제일 많이 하는 건 학생들이에요. 축구 관련 제품은 학생 고객이 많죠."

풋볼베이스장이 만들어지면 아디다스의 축구 카테고리에 추가 매출을 기대해볼 수 있을 것 같았다. 다각도로 검토하고 조사한 끝에 대한축구협회, 용산 아이파크몰과 협의해 '용산 아이파크몰 아디다스 풋볼 더베이스'를 탄생시켰다.

'용산 아이파크몰 아디다스 풋볼 더베이스'의 탄생은 용산 아디다스 매장의 매출을 드라마틱하게 높였다. 기세를 몰아 다양한 세일즈를 시도했다. 별도의 팝업스토어를 만들고 키카, 피파 등 스페셜 스토어와 연계해 참가 쿠폰을 나눠주는 프로모션 행사도 했다. 이런 식으로 6C 로직을 활용해 경쟁사와 다른 마케팅 콘텐츠를 확보하면서 우리의 입지를 굳힐 수 있었다. 이외에도 아디다스 이름을 걸고 풋살 대회를 개최하고, 다양한 이벤트를 열어 SNS를 통한 바이럴 마케팅을 해 나갔다. 매출이 늘어난 건 당연한 결과였다.

6C 로직을 기반으로 한 의사결정은 여러모로 효율적이다. 어떻게 하면 축구 카테고리의 매출을 늘릴 수 있을까 막연하게 생각하기보다 현재의 트렌드, 다른 도시에서의 레퍼런스, 소비자

들의 동향 등을 하나하나 살피면 훨씬 체계적인 대응책을 도출해낼 수 있다.

6C 로직은 마케팅 용어를 넘어 개인을 평가하는 기준으로도 유용하다. 면접에서도 이를 바탕으로 질문하면 미래 인재로 성장할 잠재력이 있는지 판단하기 좋다. 마찬가지로 면접자라면 6C 로직을 바탕으로 준비하면 기회를 잡을 확률이 높아진다. 준비된 사람은 실패를 '덜' 한다. 인간이라면 누구나 실패를 한다. 누가 '덜' 실패하느냐가 성공의 단서가 된다.

만약 당신이 팀장급 리더라면 또는 준비 중이라면 더더욱 6C 로직으로 판을 짜는 습관을 들여야 한다. 막연하게 경쟁사보다 잘하고 싶다고 생각하는 게 아니라, 작은 것이라도 긍정적 불씨를 발견해보자. 기회를 찾아낼 수 있을 것이다.

이런 사례 중 또 하나 소개할 것이 '아디다스 마이런'이다. 2013~2014년 전 세계적으로 달리기 수요가 폭발했다. 우리나라에서도 워라밸에 대한 의식이 높아지면서 건강한 삶에 대한 욕구가 커지며 퇴근 후 도심의 달리기가 유행처럼 퍼져 나갔다.

아디다스 제품을 둘러보니 나이키에 비해 러닝 카테고리 매출이 너무 적었다. 제품 수는 나이키의 3분의 1 정도, 매출도 60퍼센트밖에 안 됐다. 제품을 더 만들더라도 나이키를 이길 만한 동력이 보이지 않았다.

고객은 브랜드를 인지할 때 브랜드 이미지에 영향을 많이 받는다. 러닝 브랜드라는 인식이 생겨야 그 브랜드를 소비한다. '아디다스는 축구화를 잘 만드는 곳이잖아. 러닝화와 축구화는 다른 거 아니야?'라는 생각이 들면 그것으로 끝이다. 아디다스는 선택지에서 제외된다. 제품 개발도 중요하지만 제품이 팔릴 수 있도록 인식 개선이 필요한 시점이었다.

6C 로직에 맞춰 국내 달리기 문화에 대해 조사하기 시작했다. 우리나라에서도 달리기 인구가 늘어나고 있었다. 관련 커뮤니티도 다양하게 존재했다. 예를 들어, 10킬로미터 완주를 목표로 달리기 하는 사람들이 여성 남성 골고루 분포했다. 우리나라에서도 러닝 문화가 폭넓게 확산되고 있다는 걸 확인할 수 있었다. 소셜미디어에 달리기 관련 인증샷이 경쟁적으로 올라왔다. 여기에는 꼭 제품 사진이 함께 노출됐다. 이들의 니즈를 충족시켜줄 만한 프로모션을 기획해야 했다.

그래서 기획한 것이 '아디다스와 함께하는 마이런 서울'과 '마이런 부산'이다. 결과는 대성공이었다. 순식간에 참가 티켓이 마감됐다. '마이런' 행사는 아디다스 러닝 카테고리에 대한 인식을 바꾸는 데 크게 기여했을 뿐 아니라 고전을 면치 못하던 부산 지역에서 매출 1위를 달성하는 기폭제가 되기도 했다.

부산은 오래전부터 나이키 인지도가 강한 지역이었다. 수입 스포츠 브랜드 후발 주자인 아디다스는 좀처럼 힘을 쓰지 못했다. 옛날부터 부산에는 신발 공장이 많았는데 나이키는 그때부터 강세를 보였다. 부산에서 아디다스는 대중적인 이미지보다 전문 스포츠 브랜드 이미지가 강했다.

내가 부산 사람이기 때문에 부산에서의 싸움이 어떨지 뻔히 짐작할 수 있었다. 사람들의 마음을 돌리기 쉽지 않다는 것 또한 잘 알았다. 부산 연고인 롯데 자이언츠와 부산 아이파크, 프로 농구단까지 전부 후원을 했지만 부산 사람들의 마음을 돌리기엔 역부족이었다. 궁리 끝에 그렇다면 서울에서 성공한 '마이런' 달리기 행사를 부산에서도 진행해보자는 아이디어가 나왔다. 광안대교를 지나가는 코스로 '마이런 부산'을 개최했다. 참가 인원을 2만 명으로 제한했는데, 티켓은 오픈 15분 만에 완판됐다.

벚꽃이 절정인 봄에 열린 부산 마이런 행사는 이미 그 자체로 축제였다. MZ세대 소비자들이 아디다스 러닝화를 신고 바다와 봄꽃을 배경으로 사진을 찍어 SNS에 올리기 시작했다. 부산 마이런은 성공적인 바이럴 마케팅이 됐을 뿐만 아니라 부산 지역에서 나이키 매출을 앞지르는 데 일등공신이 됐다.

칼퇴, 몰입, 그리고 6C 로직 사고는 자기자신은 물론 조직의 성장도 이끌 수 있다. 매달 받는 월급에 만족하고 아무런 변화도 꾀하지 않는 채 쳇바퀴 돌 듯 살아간다면 본인은 물론 회사도 발전할 수 없다.

공부를 더 하고 싶다면
5년 차 이상부터가 좋다

후배들이 자주 털어놓는 고민 중 하나가 바로 공부를 더 하고 싶은데 어떻게 하면 좋겠느냐는 것이다. 결론부터 말하자면, 공부를 더 하고 싶다면 5년 차 이상부터가 좋다. 또는 팀장의 위치일 때가 적당하다. 이때는 실무를 어느 정도 파악한 시기이고 부장이나 부서장을 향해 가는 길목이니 미리 준비해둬야 하기 때문이다.

석사 학위를 받아도 좋고, 1년 단기 과정을 듣는 것도 나쁘지 않다. 다만 전공을 정하기 전에 자신의 10년 계획이 무엇인지 방향성을 따져 결정해야 한다. 전문가로서 학계에 적을 두고 싶다면 석사 과정까지 최소 2년에서 2년 6개월은 예상해야 한다. 자신의 미래 비전을 위해 그 정도 시간을 투자해야만 한다면 기꺼이 시간을 할애해야 한다.

조금 여유 있는 시기라고 생각해 1~3년 차 때 대학원에 진학하려고 생각하는 사람이 많다. 그러나 신입 사원 때는 업무를 익히는 데 최선을 다하는 게 좋다. 대학원에서도 신입 사원은 잘 받아주지 않는다. 경영대학원의 경우, 부장급 이상 되어야 서류 심사에 통과하기 쉽다.

나는 팀장이 되고 나서 고려대학교 경영대학원에 진학했다. 실무 파악이 충분히 되었을 시기라 회사 일에 큰 지장을 받지 않고 공부할 수 있었다. 오히려 대학원에 다니면서 한 차원 높은 시각에서 업무를 바라볼 수 있게 됐고, 무엇보다 다양한 네트워크를 통해 융합 지식을 얻을 수 있었다. 금융업, 빅데이터 분석 등 평소 접하기 쉽지 않았던, 전혀 다른 분야의 다양한 사람들과 함께 공부하면서 새로운 간접 지식을 얻을 수 있었던 정말 좋은 경험이었다.

승진하는데 학위가 꼭 필요한 것은 아니다. 학위를 따면 좋지만 따지 않아도 괜찮다. 대학원은 업무와 관련된 현실적인 지식을 배우는 곳이 아니다. 그보다는 다양한 경력을 가진 사람들이 모인 곳에서 새로운 지식을 접하고 공부할 기회를 얻을 수 있는 곳이다.

따라서 대학원 전공을 정하기 전에 먼저 방향성을 생각해야 한다. 향후 커리어 골을 어떻게 가져갈 것인지 명확히 해야 한다는 이야기다. 나는 무슨 꿈을 가지고 있고, 현재 어디에 있고, 어디로 가고 싶은지 파악해야 한다. 남들이 하니까, 다른 사람들이 많이 간 길이니까 따라갔다간 맞지 않는 옷을 입고 비싼 학비를 낭비하면서 불편한 시간을 보내게 될 수도 있다. 10대 때는 부모님이 시키는 대로 가라는 대로 갔다지만, 성인이 된 후에는 자신의 길을 제대로 알고 가야 한다.

자기 인생의 고고학자가 되어야 한다. 누구나 자신의 윤곽이 있다. 고고학자들은 세월의 흐름 속에 켜켜이 쌓인 지층 아래 숨겨진 유적을 찾아내기 위해 조심스럽게 붓질을 한다. 환경에 적응하며 붙어 있던 내가 아닌 진실한 나의 모습을 찾기 위해 조심스럽게 붓으로 털어내면서 자신의 윤곽을 찾아야 한다. 조각가가 커다란 돌을 깎아 예술품을 만들어내듯, 섬세하게 다듬으면서 자신의 참모습을 찾아내야 한다. 인생은 고고학자나 조각가의 손길처럼 끊임없이 자신의 내면을 깎고 다듬고 털어내는 과정이라고 할 수 있다.

나와 일했던 직원들 중에도 고고학자나 조각가의 기질을 타고난 사람들이 몇 있다. 상품기획부의 지영 차장이 그중 한 명이다. 그가 어느 날 나를 찾아왔다.

"상무님, 고려대학교 경영대학원에서 공부하고 싶은데 좋은 선택일까요?"

"경영 전반에 대한 공부를 하고 싶은 거예요?"

"네, 조금 더 배워야 할 거 같아서요. 상품기획부에서 상품만 다루다 보니 마케팅이나 세일즈에 대한 지식이 부족한 것 같아요."

"그런 이유라면 도움이 될 거예요. 인사관리, 조직관리, 생산관리, 통계학, 시장조사론, 판매촉진론 등을 깊이 알 수 있는 기회니까 좋은 선택이 될 거예요. 상품을 전공한 지영 차장이 통섭적으로 학문적 지식을 쌓는다면 매니저나 임원이 되었을 때 아주 유리할 거예요. 또 부장이 되면 다양한 네트워킹이 필요한데 그런 면에서도 도움이 될 거예요. 내가 도와줄 게 있나요?"

"추천서를 좀 써주시겠어요?"

"얼마든지요!"

자신에게 필요한 것이 무엇인지 명확하게 파악한 지영 차장은 대학원에 합격해 열심히 공부했다. 그는 여러 과목을 수강하면서 시야가 넓어졌다며 무척 즐거워했다. 일하랴 공부하랴 바쁜 일정이었지만 열의를 갖고 결국 석사 과정을 마쳤다. 지영 차장은 이후 차근차근 승진해서 현재 팀버랜드 코리아 한국지사장으로 일하고 있다. 당시 경영 전반에 대해 공부한 게 큰 힘이 됐을 거라고 생각한다.

꼭 대학원을 가야 승진할 수 있다는 이야기가 아니다. 미리 준비해놓으면 남들보다 먼저 기회를 잡을 수 있다는 뜻이다. 지영 차장은 나처럼 야근을 안 한다는 점에서 더욱 인상적이었다.

야근을 안 해도 얼마든지 성공적인 커리어를 이어 나갈 수 있다는 것을 지영 차장은 증명해냈다.

워라밸을 잘 지킨 직원 중 기억에 남는 또 한 사람이 있다. 최우혁 과장이다. 그는 현재 10여 년째 파타고니아 한국지사장을 맡고 있다. 그 또한 정해진 시간에 밀도 있게 일하는 사람 중 한 명이다. 최우혁 과장은 액셀러레이터를 밟기 위해 튼튼한 브레이크를 장착한 사람으로 기억한다.

지영 차장처럼 직원들이 공부하겠다고 찾아오면 무조건 돕는 것이 내 원칙이다. 우리 집은 5남매였는데, 어머니는 공부하고 있으면 절대 다른 일을 시키지 않으셨다. 잔심부름이 하기 싫어서 가끔 공부하는 척하기도 했지만, 그래도 어머니의 원칙은 나를 책상에 앉아 있게 했다. 나도 마찬가지로 대학원 수업을 듣는 직원이 있으면 조기 퇴근을 허용했다. 시험 기간에는 유연 근무를 할 수 있는 분위기를 만들었다. 도움을 요청하면 최대한 들어주고, 조언을 아끼지 않았다. 그들과의 대화는 때때로 내가 알지 못했던 새로운 지식을 얻는 기회가 되어주었기에 나에게도 유익했다.

다시 말하지만, 대학원이 모든 문제의 열쇠인 것은 아니다. 그러나 자신의 부족한 부분을 채우고, 구체적이고 새로운 지식을 얻고 싶은 사람이라면 한 번쯤 도전해볼 만하다. 모든 이는 스스로 오너십을 가져야 한다. 스스로 자기 인생의 주인이라는

생각. 가장 좋은 길로 나아가겠다는 의지로 자신의 미래를 향해
전진하면 된다.

HIPO가 되는 법

어느 회사건 경영진은 항상 과연 누가 핵심 인재가 될 것인지 주시한다. 핵심 인재, 소위 HIPO는 업무 실행 능력, 마인드, 태도 등 다방면을 참고해 결정되며 HIPO로 지목받으면 회사는 이들을 다양하게 지원하고, 적절한 업무 커리어를 쌓을 기회를 준다. 특히 글로벌 회사는 수시로 HIPO 후보를 추려내 유심히 살핀다. 아디다스도 마찬가지다.

아디다스의 회장, 보드 멤버가 각국을 방문하면 반드시 그 지역의 HIPO들과 식사자리를 갖는다. 그리고 개별 혹은 그룹 면담 시간을 갖는다. 그 시간을 통해 동기 부여를 한다. 이런 기회를 얻는다면 질문에 답만 하지 말고 궁금했던 부분을 꼭 물어보자. "회장님의 사원 시절 꿈이 무엇이었나요?" "가장 강력한 회장님만의 비즈니스 무기는 무엇인가요?" 등 자신이 궁금했던 것들을 허심탄회하게 물어볼 수 있는 좋은 기회이기 때문이다.

일반적으로 조직이 관리하는 HIPO는 조직의 10~15퍼센트 정도다. HIPO의 조건은 태도, 실력, 인성, 미래 성장 가능성 등이다. 진정성과 열정, 성실함, 정직함, 이타심, 예의, 일을 즐기는 마음, 배우려는 자세도 점차 중요한 기준점이 되고 있다. 임원들은 그런 요소들을 가지고 있는 사람을 매의 눈으로 관찰한다. 노력해도 눈에 들지 못하면 어쩌나 하며 지레 포기하는 건 어리석은 행동이다. 일단 해보자. 해보면 임원의 눈에 드는 것은 물론 스스로 상황을 주도할 수 있다.

회사 내 HIPO 제도가 없을 수도 있다. 그럴 땐 자기 객관화를 통해 스스로 평가해봐야 한다. 만약 HIPO라면 회사는 절대 쉽게 떠나게 놔주지 않을 것이다. 그런 직원은 반드시 조기 발탁, 조기 승진 등의 기회를 주며 관리할 것이다.

나와 일한 직원 중 성실성, 치열함, 치밀함, 협업 능력, 스마트함을 두루 갖춘 오기원이라는 친구가 있었다. 그는 착실하고 예의 바른 사람이었는데, 동료들의 평판도 좋았다. 뛰어난 실력을 지녔으면서도 항상 겸손했다. 너무 자신을 드러내지 않아서 실력이 대외적으로 노출되지 않을 정도였다.

어느 날 대화를 하면서 6C를 바탕으로 질문을 던져보니 그의 실력이 정말 대단했다. 다양한 콘텐츠를 아우르는 지식과 분석력이 돋보였고, 창의력과 연결력도 놀라웠다. 대화를 하면 할수록 치열하게 고민하며 사는 사람이란 걸 알 수 있었다. 이후 6개월 정도 꾸준히 그를 지켜봤다. 책임감 있게 자신의 일을 잘 해 냈다. 시험 삼아 맡긴 프로젝트에선 기대 이상의 결과물을 보여 줬다. 그래서 동료 임원들과 논의해 2단계 승진을 통해 과장을 발탁했다. 상품기획부에서 근무하던 그는 지금 아디다스 코리아에서 마케팅 오퍼레이션과 CTC(프로덕트 총괄 헤드) 두 부서를 관리하는 중추적인 역할을 하고 있다.

HIPO가 되고 싶다면 구체적으로 어떤 준비를 해야 할까? 지금은 연차보다는 실력이 중요하고, 자신을 드러내야 하는 시대다. 그러나 연차별로 차이가 존재하는 것도 사실이다. 자신의 연차에 맞는 몰입과 집중을 통해 실수를 줄이고 시간을 확보하는 것은 직장 생활의 지혜다. 직접 겪고, 공부하며 알게 된 각 연차별로 필요한 요소들을 정리해봤다.

1~3년 차

자신을 알아가며 커리어 골을 만들어 나가는 기간이다. 계속해서 자신에게 질문하며 답을 찾아야 한다. 또한 이 시기는 시야를 전방위로 확장해야 하는 기간이기도 하다. 자신에게 집중하되 레이더를 360도 돌리며 관찰하자. 아직 중요 업무가 맡겨지기 전이므로 조직 생활에 필요한 기본기를 최대한 다져놓자. 우리 부서를 넘어 타 부서의 일도 잘 지켜보고 혹시 자신이 필요한 분야는 없는지 탐색한다. 사람들과 수시로 만나 자신을 홍보하는 것도 1~3년 차에 중요한 할 일이다.

이 시기는 입문기이자 탐색기, 확인해보는 시기다. 1~2년 해봤는데 별로더라 하고 이직하거나 그만두는 것은 너무 이른 결정이다. 차분히 기본을 다지는 게 중요하다. 기획서, 결과 보고서, 예산 수립 등 아주 기초적인 기본기를 익히는 시기라고 생각하자. 조금 지루하고 성과가 눈에 쉽게 보이지 않지만 그런 것들을 할 줄 알아야 다음 단계로 넘어갈 수 있다. 기본이 탄탄하면 3년 차 이후에 다른 분야의 문을 두드려도 된다. 영업으로 입사했는데 이커머스를 해볼 수도, 제품 파트에서 시작했는데 마케팅으로 눈을 돌릴 수도 있다.

또 사원 시절에는 뭐든 자신 있게 덤벼보는 게 좋다. 실수가 있어도 용인되는 시기다. 책임에 대한 중압감이 없을 때이니 실험적인 아이디어를 시도해볼 만하다.

다양한 직급과 위치에 있는 사람들과 자신을 비교하면서 이미지 트레이닝을 해보는 훈련도 도움이 된다. 나라면 어떻게 할까, 어떤 방법을 선택할까 고민하면서 자신의 방향을 잡아 나간다. 회사가 나를 뽑아줬지만 남을 건지 떠날 건지는 본인이 결정할 일이다. 항상 스스로 주도권을 쥐고 있어야 한다. 과연 나라면 나 같은 직원과 함께 할 것인가에 대한 고민도 해야 한다. 1~3년 차는 그렇게 기본기를 다지면서 성장하는 게 중요한 시기다.

4~5년 차

경험을 확장해야 하는 시기다. 지금은 융합형 인재의 시대다. 고유의 깊이 있는 전문성은 물론이고 어느 분야에나 쓰일 수 있는 능력을 갖춰야 한다. 자신의 분야에 정통해야 하지만 연관된 분야의 능력을 두루두루 갖춘 T자 형태의 능력은 4~5년 차에 그 씨앗이 싹튼다.

기회가 된다면 과감히 연관 부서로 옮겨볼 것을 추천한다. 10년 차 이전까지 부서를 두세 번 옮기는 것도 나쁘지 않다. 2~3개 부서를 경험한 사람은 회사에서 쉽게 버릴 수 없는 카드다.

예를 들어 마케팅과 세일즈를 모두 해본 직원을 잃는 것은 회사 입장에서 큰 손실이다. 대체 불가능하기 때문이다. 갑과 을의 주객이 전도될 수 있는 포인트가 되는 시기다. 이 부서 저 부서를 거치면서 둘러가는 게 아닌가 걱정스럽다면, 단언컨대 결국 그 길이 가장 빠른 길일 것이다.

6~10년 차

결정의 시기다. 다양한 분야를 아우르는 제너럴리스트가 될 것이냐 전문성 강한 스페셜리스트가 될 것이냐를 결정하고 움직여야 한다.

스페셜리스트가 되고 싶다면 이 시기에 전문성을 위한 과감한 결단을 내려야 한다. 1년 정도 휴직하고 관련 업무를 더 공부하거나 경험을 쌓는 것도 좋다. 깊이를 갖춘 스페셜리스트와 만능재주꾼 제너럴리스트는 커리어 로드가 다르다. 스페셜리스트는 독립이나 사업으로 확장해 생각할 수 있고, 제너럴리스트는 관리형 임원을 거쳐 조직의 수장으로 나아간다.

팀장이 갖춰야 할 소양

1~3년 차 대리를 넘어가면 준비해야 할 것이 확연히 달라진다. 중학교에 입학할 때와 고등학교에 입학할 때의 공부량과 스킬이 완전히 바뀌어야 하는 것과 비슷한 이치다. 대리, 과장 진급까지는 자신의 능력을 마음껏 펼치는 것만으로도 충분하지만 그 이상인 팀장급 승진을 앞두고 있다면 전혀 다른 능력을 갖춰야 한다. 하는 일이 완전히 바뀌기 때문이다.

팀장이 되면 달라지는 역할 중 중요한 것 몇 가지를 이야기해보자.

123

팀장이 되면 의사결정자이자 조율자 역할을 해야 된다. 자원 배분, 방향 결정은 물론 제일 중요한 이해관계 조절 업무를 맡게 된다.

예를 들어보자. 팀장은 가운데 위치다. 부장, 상무, 임원의 생각이 각각 다를 때 어떻게 조율할 것인가? 내 일만 잘하면 되는 건 실무자 시절의 이야기다. 대외 정보를 관리하고 수집하는 일도 팀장의 몫이다. 모니터링을 통해 전술을 수정하고 임원들이 전략을 짜는 데 필요한 정보도 제공해야 한다. 또한 하위 직급과 상위 직급 사이에서 소통자 역할도 해야 한다. 물론 팀 퍼포먼스를 달성해야 하는 것은 기본 중 기본이다. 하는 일이 완전히 달라지는 것이다.

무엇보다 '피드백'을 잘해야 한다. 피드백을 얼마나 효율적이고 효과적으로 하느냐에 따라 팀의 분위기가 달라지고, 성과도 차이가 난다. 감독이 좋은 팀은 개개인의 역량이 부족하더라도 탄탄한 경기력을 보여준다. 무엇을 관망하고 무엇을 바로잡을 것인지, 어떤 방향으로 나아갈 것인지 키를 잡고 있는 팀장이 잘 이끌어야 한다. 때문에 팀장 승진을 앞두고 있다면 피드백을 전달하는 방법을 고민하면서 익혀놔야 한다.

피드백은 기본적으로 상대방에 대한 애정과 성장을 돕겠다는 진정성이 바탕되어야 한다. 또 잘할 거라는 믿음을 가질 수 있는 긍정적 영향을 미치는 피드백이어야 한다.

그렇다면 어떻게 해야 할까? 지적과 질책만 담긴 부정적인 피드백은 안 하느니만 못하다. 긍정적인 피드백을 하되 약간의 지적이 들어간 건설적인 방향으로 마무리하는 것이 좋다. 그런데 칭찬을 늘어놓다가 고쳐야 할 점을 지적하면 듣는 사람이 헷갈릴 수도 있다. 따라서 칭찬과 지적을 명확히 구분해서 전달하는 것이 좋다. 또한 감정적으로 쏟아내는 지적이 아니라 일과 관련된, 말 그대로 '피드백'이라는 것을 서로 인지한 상태에서 시작해야 한다.

피드백을 할 때 꼭 명심해야 할 것이 있다. 상대의 신념이나 가치관, 고유의 성격 등에 대해서는 언급하지 않아야 한다. 바꿀 수 없는 것을 지적해봤자 상처만 남길 뿐이다.

팀장은 리더십과 매니지먼트 두 가지 모두 능숙해야 한다. 리더십은 '옳은 일을 하는 것DO A RIGHT THING'이고, 매니지먼트는 '모든 일을 올바르게 처리하는 것DO THINGS RIGHTLY'이다. 리더십은 '무엇WHAT'을, 매니지먼트는 '어떻게HOW'를 묻고 방법을 찾는 일이다. 매니지먼트와 리더십을 병행하는 준비와 훈련이 필요하다.

팀장이 됐다는 것은 조직에 자신만의 브랜드를 런칭하는 것이라 할 수 있다. 자신만의 브랜드가 왜 중요할까? 브랜드가 곧 평판이 되기 때문이다. 특히 같은 업종에서 이직할 때 평판은 굉장히 중요하다. 알게 모르게 서로 평판 조회를 하는 게 사실이다.

평판을 조회할 때 가장 먼저 보는 것이 인성, 즉 성격이다. 그 다음이 전 직장 퇴사 사유다. 업무 능력보다 먼저 확인하는 것들이 바로 이 두 가지다. 잦은 이직을 권하지 않는 이유가 여기 있다. 이직이 잦으면 인성과 퇴직 사유 때문에 뜻하지 않게 불이익을 받을 수 있다. 월급을 조금 더 많이 준다고 움직였다가 대박이 아닌 쪽박을 찰 수도 있다는 것을 명심하라.

상사 관리와 미러링

업무 성과보다 직장인을 더 괴롭히는 것이 있다. 바로 상사와의 갈등이다. 서로 다른 사람이 만나 같은 방향을 바라보며 걷기란 쉽지 않은 일이다. 누군가는 뛰는 게 편하고 누군가는 걷는 게 편하다. 미리 걷고 쉬는 사람이 있고, 쉬다가 마감에 임박해 걷는 사람도 있다. 여기서 옳고 그른 것은 없다. 그저 스타일이 다를 뿐인데, 상사와 부하는 매일 부딪히는 관계이다 보니 불협화음이 잦으면 스트레스가 된다. 커리어 관리가 필요한 것처럼 보스 매니지먼트, 즉 상사 관리도 배우고 익혀야 한다.

상사 관리

먼저 상사도 인간이라는 점을 기억하자. 나처럼 강점과 약점을 갖춘 인간이므로 그들의 장점과 단점이 무엇인지 파악하는 게 좋다. 누구나 압박감을 느끼는 순간이 있다. 그럴 때는 평소와 다르게 예민해진다. 치명적인 약점을 들키면 불끈하기도 한다. 상사의 그런 순간을 알아둔다면 불필요한 마찰을 피해갈 수도 있다.

호불호를 알아두는 것도 도움이 된다. 그런 요인들을 간파해 관계를 조절하는 게 답이다. 그 과정에서 자신의 역할과 기대 관리가 충족되고 있는지도 살펴야 한다. 무조건 상사의 문제가 아닐 수도 있기 때문이니 말이다. 그래도 해결책이 보이지 않는다면 사내 인사부나 멘토의 조언을 받는 것도 방법이다.

상사는 테이커TAKER, 매처MATCHER, 상황적 기버SITVATIONAL GIVER, 기버GIVER 네 부류로 나뉜다. 과연 나의 상사는 어떤 쪽에 속하는 사람일까? 무조건 시키기만 하고 자신이 모든 것을 가져가는 테이커일까? 준 만큼만 받고 받은 만큼 줄 줄 아는 매처일까? 다 주는 것 같지만 자신을 보호하는, 어느 선 이상으로 주지 않는 상황적 기버일까? 아니면 모든 것을 내어주는 기버일까? 한번 점검해보자.

상사 관리에 대한 나의 경험을 하나 말해보겠다. 내가 아디다스 브랜드 디렉터로 일하고 있을 때였다. 한국에서 오랫동안 리복 브랜드 마케팅 이사로 일한 직원이 있었다. 리복에서 브랜드 마케팅 이사로 오래 근무했던 그는 당연히 우리나라 리복 브랜드 디렉터가 될 거라고 생각했다. 그런데 인사철이 되자 리복 본사에서 상무 직급 외국인 임원을 한국으로 보냈다. 믿었던 조직이 나를 몰라볼 줄이야! 그는 불만이 폭발했다. 그런 감정은 파견 온 외국인 상사도 느낄 정도였고, 곧 눈에 띌 만큼 갈등이 일어났다. 본사에서 온 외국인 상무는 그가 자신을 왜 그렇게 싫어하는지 알 수 없어 답답해했다. 어느 날 우연히 이 사실을 알게됐다. 그래서 그를 불러 이렇게 물었다.

"상사 매니지먼트, 보스 매니지먼트라는 말 들어봤어요?"

"아니요, 처음 듣습니다."

"지금 그렇게 갈등하는 건 서로한테 도움이 되지 않아요. 본인이 더 잘 알 거예요."

"네, 알지만 마음이 힘듭니다. 쉽지 않네요."

"외국계 회사의 외국인 임원 임기는 길어야 3~5년이에요. 상무, 전무, 고위 임원까지 갈 생각이 있다면 지금 본사에서 온 임원과 잘 지내면서 본사에 본인을 알려서 기회를 얻는 게 좋아요. 운이 좋으면 글로벌 근무 경험도 가질 수 있을 거예요. 상사를 성장의 협조자로 만드는 게 현명한 방법이에요. 그를 당신의 스폰서로 만들어요. 그러려면 상사의 성공을 도와야 해요. 한국은 처음일 텐데 얼마나 힘들겠어요. 그를 도우면 분명 성과가 돌아올 거예요."

내 이야기를 듣던 그는 눈물을 보였다. 갑작스러운 모습에 당황했지만 그 마음을 알 것 같았다. 내 이야기가 통했는지 다행히 그 직원은 마음을 바꿔 먹었고, 정말로 아름다운 조력자가 됐다. 결국 외국인 상무는 좋은 실적을 내고 본사로 돌아갔다. 이후 그는 어떻게 됐을까? 현재 유명 글로벌 스포츠 브랜드의 한국 지사장으로 일하고 있다.

갈등 관계를 성공 관계로 바꾸는 건 어렵지 않다. 상사, 보스 매니지먼트 방식을 생각하고 그를 성공시키면 자신의 리더십에도 변화를 줄 수 있다. 이 모든 것은 결국 나의 성공으로 가는 길이 되어줄 것이다.

미러링

아디다스 코리아가 제우교역에서 아디다스 글로벌 컴퍼니로 편입되고 첫 임원이 됐을 때 두 사람을 찾아갔다. 나를 지켜보던 당시의 임원 한 분과 제일기획 국장이었던 신재환 보광피닉스 사장님이다. 두 사람은 다 같은 말을 해주었다.

"처음엔 미친놈인 줄 알았어."

자기 회사도 아닌데 왜 저렇게 미친놈처럼 일하는지 이해할 수 없었다고 했다. 훈장 같은 평가였다. 임원이 된 후에도 나는 매일 미친 듯이 즐겁고 신나게 일했다(물론 칼퇴는 하면서). 왜 그랬을까? 내세울 것 없는 이력서를 들이밀며 약속했던 것을 지키고 싶었기 때문이다.

이력서를 내는 입장이 아니라 보는 입장이 됐을 때, 나는 나같이 '미친 사람'을 발견했다. 한국체대를 졸업한 그는 전공과 다소 이질적인 광고홍보부서에 지원했다. 이력서를 보고 지원 동기가 궁금해졌다. 이름은 박기환. 자기소개서에는 그동안 했던 수많은 아르바이트에 대한 이야기가 담겨 있었다. 모든 일에 성실하게 노력했다는 내용이 빼곡하게 적혀 있었다. 글을 읽었을 뿐이지만 그가 자신의 운명을 개척하기 위해 얼마나 애를 쓰며 살았는지 알 것 같았다.

부서와 맞지 않는 전공과 경력만 보면 합격시키기 어려웠지만 나는 그의 열정과 진심을 읽었다. 자기소개서에 흔히 등장하는 '아디다스에서 일하게 되면 최선을 다해 회사에 기여하겠다'는 말이 살아 움직이는 것처럼 보였다. 고백하자면 읽자마자 로비를 서성이며 제우교역 문턱을 두드리던 나를 보는 것 같았다. 혹시 내가 순간의 감정으로 판단한 건 아닌지 그의 자기소개서를 집에 가져와 서너 번 다시 읽었다. 다시 읽어도 마찬가지였다.

서류를 통과시키고 면접을 봤다. 직접 만난 박기환은 자기소개서보다 더 열정이 넘치는 사람이었다. 결국 채용했고, 일을 가르쳤다. 열정이 있어서인지 학습 속도가 무척 빨랐다. 내가 스프링보드가 되어주면 끝 모르게 튀어오를 사람이었다. 내 선택은 옳았다. 박기환은 아디다스에서 수많은 성과를 내고 현재 PR 대행사 에머슨 케이 파트너스 사장으로 일하고 있다.

그와 나의 차이점이라면 나는 제너럴리스트의 길을 걸었고, 그는 스페셜리스트가 되었다는 것이다. 그러나 열정 외에도 우리 둘에게는 중요한 공통점이 있다. 바로 미러링mirroring 능력이다.

아내와 연애할 때 회사 앞에서 했던 말, "이 회사의 사장은 두 명이다. 진짜 사장과 나 강형근"이라고 했던 건 농담이 아니었다. 나는 항상 회사의 성장과 나의 성장을 함께 봤다. 회사와 나를 미러링하려고 노력했다.

많은 직장인들이 회사의 브랜드와 자신을 별개로 생각한다. 언제든 그만둘 수 있고, 명함이 없어지면 그 회사 안에서의 나도 없어진다고 단정하는데, 이는 아주 위험한 판단이다.

회사의 성장은 곧 나의 성장이다. 회사에 모든 것을 걸라는 얘기가 아니다. '성장'에 초점을 맞춰야 한다. 회사의 성장에 기여하면 그 과정에서 개인의 브랜드도 성장하게 된다. 몸 바쳐 일해봤자 언젠가는 회사를 떠날 것이라고 생각할 게 아니라 선택은 내가 한다는 마음가짐이 중요하다. 나라는 개인 브랜드와 회사라는 브랜드를 때로는 같이 또 때로는 다르게 병렬화시키면서 가야 한다. 개인과 회사의 발전을 미러링하면서 같이 나아가면 양쪽 모두 윈윈할 수 있다.

대기업에 소속되면 회사라는 코끼리에 올라타 본인도 코끼리가 되었다고 착각하기 쉽다. 그러나 개인은 말 그대로 개미일 뿐이다. 코끼리 등에 탄 것일 뿐, 개미가 코끼리가 될 순 없다. 회사의 이름은 나를 감싸는 포장지이지 나 자신이 아니다. 회사가 성장하는 만큼 내가 성장하고 있는지, 어떤 부분이 더 나아졌는지, 그래서 회사의 브랜드 가치를 빼고 회사 안에서의 직급과 타이틀을 빼고 내 이름 석 자가 얼마나 브랜딩되어 있는지 살펴야하는 이유다. 나의 브랜드 가치가 회사의 가치가 쌓이는 만큼 비례해서 성장하고 있는가를 확인해야 한다. 이것이 미러링이다.

나는 처음부터 주인의식을 가지고 일했다. 회사가 내 것이고 그 판의 주인공이 나라는 생각으로 덤볐다. 월급만 받아가는 월급쟁이라고 생각하면 나 자신이 너무 시시하게 느껴졌다. 주도적으로 바람을 일으키고 멋지게 성장하고 싶은 야망을 채우려면 주인의식이 꼭 필요했다. 사장은 아니지만 마치 사장인 것 같은 마음가짐으로 일한 것은 회사를 위하기에 앞서 나를 위한 일이었다. 자기자신의 가치를 높이지 못하면서 회사 가치만 높이는 것은 무의미한 일이다.

성과와 루틴을 관리하는 90데이 플랜

조직 내에서 내 위치를 점검하고, 앞으로의 방향을 설정해온 비결을 소개한다. 나는 이를 90데이 플랜90DAY PLAN 이라고 부른다.

회사에서 분기별로 실적 발표를 하듯 개인적으로도 90일 기준으로 개인 행동, 개인 리더십, 자기계발 계획에 대해 목표를 수립하고 KSS, 즉 '킵Keep · 스타트Start · 스톱Stop' 리스트로 정리해보길 권한다. 잘한 건 계속 '킵', 그만둬야 할 것은 '스톱', 새로운 시도는 '스타트', 이렇게 세 가지 틀로 나눠서 작성한다. 이 90데이 플랜은 임원이 된 후 시작했는데, 회사를 나온 지금도 여전히 고수하고 있다. 멈추지 않고 나아가기 위해 이것만큼 효율적인 계획서가 없다고 생각하기 때문이다.

다음은 내가 브랜드 디렉터일 때 작성한 90데이 플랜과 나의 개인적 성장을 위해 작성한 90데이 플랜이다.

브렌드 디렉터를 위한 90데이 플랜

목표	세부 내용
1. 비즈니스 분기 목표	비즈니스 목표 달성을 위한 임원간 협력, 협업 체계 정립
2. 브랜드 NPS 분기 목표	브랜드 고객추천지수 목표 달성을 위한 관리 리스트 개발
3. 피플 리더십 강화 실행	코칭, 멘토링, 리버스 멘토링, 해외근무 경력 개발 지원
4. 조직문화 3C'S 구현	콜라보레이션(Collaboration), 창의력(Creativity), 신뢰(Confidence) 조직문화 주도
5. 리더십 역량 강화	위임, 경청, 변화주도, 글로벌 협력관계 등 개인 역량 개발

개인 브랜드를 위한 90데이 플랜

목표	세부 내용
1. 국내 마켓 인사이트 글로벌 인풋	• 수도권 핵심상권의 주요 매장 방문 및 소비자 인사이트 수집 • 전략 어카운트의 마켓 피드백 수집 및 향후 전략 수립에 반영
2. 새로운 조직 문화 주도	• CREATING THE NEW 조직 문화 – 마인드셋 및 행동 실행 주도 • COLLABORATION 협업, CREATIVITY 창의성, CONFIDENCE 자신감

135

목표	세부 내용
3. 자기개발 및 리더십 트레이닝	• 리더십 개발 : 코칭, 멘토링, 리버스 멘토링 스킬 훈련 • 체력관리 : 일주일 3회 출근 전 운동, 퇴근 후 근력 운동, 주말 10킬로미터 걷기 • 디지털 역량 강화 : 전문 서적, 현대경제연구원 CREATIVE - TV 학습 • 멘토 및 코치 미팅을 통한 리스킬링

1년, 상하반기 모두 가능하지만 여러 가지로 시도해본 결과 90일 기준 플랜을 작성하고 이를 점검하는 것이 가장 합리적이었다.

90데이 플랜과 함께 90일 기준으로 KSS 리스트를 작성해 체계적으로 점검하면 좋다. KSS는 스타트Start, 스톱Stop, 킵Keep의 앞글자를 따서 만든 개념이다.

스타트 새로운 지식, 업무, 취미, 인맥, 워라밸, 여행, 운동, 독서 모임, 음식 만들기, 반려동물 등

스톱 과음, 불균형, 화, 예민한 감정, 조직. 건강에 좋지 않은 행동, 고민 등

킵 계속 추진해야 할 도전, 계획, 공부

'스타트'는 더 이상 미룰 수 없는 것, 새로운 지식 습득을 위해 꼭 필요한 것, 꿈꿔왔던 것 등을 잘하고 있는지 확인하면서 만들어 나가는 것이다. 영어 공부를 다시 시작하거나, 후배들과의 교류가 미진했다면 이번 분기에 다시 자리를 만들어본다거나, 지난 분기를 분석했을 때 너무 일에 치우쳤다면 개인을 돌보는 시간을 좀 늘리는 식이다.

'스톱'의 경우, 늦잠을 잔다든지, 과음하는 날이 잦았다든지, 감정 조절이 잘 안 돼 실수를 저지르진 않았는지 확인하고 대책을 세우는 것이다.

90일 동안 성취했던 것, 인정받았던 것들이 분명 있을 것이다. '킵'은 이런 것들을 그대로 유지하도록 체크하는 과정이다.

새해가 되면 가장 먼저 하는 일이 바로 이 90데이 플랜과 KSS를 정리하는 것이다. KSS 정리는 냉철하게 진단하는 게 포인트다. 이를 활용하면 남한테 받는 평가보다 더 냉혹하고 더 객관적으로 자신의 패턴을 수치적으로 분석할 수 있을 것이다.

90데이 플랜을 분석한 후, 잘한 일이 있으면 스스로에게 상을 준다. 바로 멈춰야 할 잘못된 점도 있지만 그래도 성과가 더 많은 시간이었다면 좋은 옷도 사 입고, 멋진 안경을 맞추면서 기분 전환을 한다. 셀프 칭찬을 해주는 것이다. 여러 사람에게 칭찬받아봤지만 내가 나에게 주는 칭찬만큼 짜릿한 건 없다.

임원을 꿈꾸는 이들을 위한 선행학습

회사는 한 발 앞서 역량을 갖춘, 준비된 사람을 선택한다. 이 왕이면 준비된 사람을 선택하는 게 인지상정이다. 나라면 어떻게 할 것인가. 그 자리에 앉기 전에 시뮬레이션을 통해 예행 연습을 해보는 게 좋다.

내 경우, 승진되는 순간 바로 다음 승진을 준비했다. 요즘 말로 선행학습을 했다. 예습을 해놓고 준비를 마치면 회사가 나를 선택할 수밖에 없다. 최연소 팀장, 최연소 부장, 최다 부서 통합 부서장, 이사, 상무, 전무, 그리고 부사장까지 거의 2년 단위로 승진한 비법은 대단한 기술이 아니라 선행학습 덕분이었다. 회사를 대표하는 상사들은 관심 없는 척하지만 준비되어 있고 성장 잠재력이 있는 직원을 정확하게 알아본다. 나의 상사들도 마찬가지였고, 나는 적재적소에 쓰였다. 물론 기회가 주어지기 전에 내부 면담과 면접이 있지만 훈련과 준비가 되어 있다면, 크게 걱정하지 않아도 된다. 다음은 임원을 꿈꾸는 이들이 갖춰야 할 역량이다.

신선한 아이디어, 탁월한 실행력

매니저급인 4, 5년 차 팀장에게 가장 필요한 역량은 뛰어난 실행력, 즉 추진력이다. 말이 아니라 결과로 보여줘야 한다. 팀장들은 여러 연관 부서와 협력해서 전문성을 기르고 있다는 걸 보여주고 회사에서 투자할 만한 인재라는 걸 증명해야 한다. 그래야 다음 단계를 밟을 수 있다. 사내외 네트워킹을 형성하면서 자신의 역량을 확장하는 걸 확인시켜주면 회사는 주목할 수밖에 없다.

나는 매년 직원들과 새로운 마케팅 전략을 준비할 때마다 지난해 했던 일들은 일단 배제시켰다. 아무리 아이디어가 좋았더라도 한 번 세상에 선보인 것은 위험 요소가 있게 마련이다. 신선하지도 않다. 일단 경쟁사가 이미 모방해서 더 나은 준비를 하고 있을 것이고, 화제성도 약할 수밖에 없다. 남이 하지 않은, 새롭고 신선한 아이디어를 내놓아야 브랜드의 혁신성과 참신함이 지속될 수 있다.

하지만 새로운 시도가 항상 좋은 결과를 보장해주는 것은 아니다. 때문에 철저한 사전 조사가 있어야 한다. 그것이 바탕이 되었을 때 자신감도 생긴다. 그래야 내부 직원들을 설득해 추진할 수 있다. 당장 매출과 연동시켜 결과를 만들어야 하는 압박감 때문에 안전하고 편안한 선택만 한다면 혁신 브랜드 이미지는 영원히 얻을 수 없다.

논리적 사고력

팀장이 된 사람들은 머지않아 부서를 통솔하고 책임져야 한다. 실행하는 사람에서 기획하는 사람이 되는 것이다. 때문에 논리적 사고력이 중요하다. 논리적 사고는 갑자기 생겨나는 게 아니라 꾸준한 훈련이 필요하다. 부하 직원, 동료들은 물론 고객까지 전방위로 소통의 대상과 범위를 넓혀 나가며 논리적으로 사고하고 대처하는 능력을 키워야 한다. 전략을 기획할 수 있는 논리와 틀을 구성하는 양식을 학습해두어야 한다.

BCG, 맥킨지 등에서 발간한《로지컬 싱킹》같은 도서를 통해 이 같은 훈련을 할 수 있다. 이 책에는 다양한 기획에 대한 정보가 담겨 있다. 일단 다양한 기업들의 훌륭한 기획서 구성 양식과 패턴에 늘 관심을 가지고 새로운 정보를 업데이트하길 추천한다.

경청과 공감

적게는 5명에서 많게는 20~30명으로 구성된 자신의 조직을 꾸려야 하는 만큼 잘 듣는 귀와 진심으로 이해하는 가슴을 갖춰야 한다. 이 시기에 코칭 스킬과 멘토링 스킬을 키우지 않으면 부장 이상 승진하기 힘들다. 앞서 말했듯 훈련이 필요한 스킬들은 미리미리 준비해두어야 한다. 닥쳐서 하려고 생각하면 당장 능력을 증명해 보일 수 없고, 그 결과 더 이상 위로 올라갈 수 없게 된다.

일이 끝나고 사후에 받는 피드백이 아니라 어떤 일을 하기 전에 더 나은 결과를 만들어내기 위해 먼저 이렇게 했으면 좋겠다 혹은 이렇게 하면 더 좋을 것 같다는 이야기를 들어 두는 것을 피드포워드Feedforward라 한다. 리버스 멘토링을 받을 때 피드포워드를 부탁해보자.

경청은 훈련되어 있지 않으면 내 것으로 만들기 힘들다. 한 시간 미팅을 한다면 30분은 듣고 10분은 묻고 20분만 이야기하도록 한계를 정해보자. 30분 동안 듣는다는 건 쉽지 않은 일이다. 30분이 길다면 처음에는 20분 듣고 10분 묻고 30분 이야기하는 식으로 점점 시간을 늘려가도 좋다. 핵심은 팀원들이 말을 하도록 판을 깔아주는 것이다. 그래야 모두에게 오너십이 생긴다. 때로는 경청이 최고의 멘토링이 될 수도 있다는 사실을 MZ세대와 함께 일하면서 배울 수 있었다.

물론 보고하는 사람은 상사의 입장을 생각해 KISS 논리KEEP IT SIMPLE & STRUCTURED, KEEP IT SIMPLE & SHORT로 보고하는 습관을 들여야 한다. 평상시 KISS 논리로 핵심 메시지를 간결하게 전달하는 훈련을 하자. 보고하는 사람은 상사의 시간을 아껴줘야 한다.

팀장 매니지먼트

임원까지 올라갈 마음이 있다면 팀장 때부터 달라져야 한다. 떡잎부터 다르다는 말은 여기에도 적용된다. 상사 관리, 동료 관리, 부하 관리. 떡잎이 커다랗고 튼튼한 팀장은 세 가지 관리에 능통한 사람이다. 이 세 가지를 관리하기 위한 나의 구체적인 방법을 소개한다.

상사 관리 앞에서 다뤘지만 상사 관리는 팀장이 반드시 갖춰야 할 기본 소양이다. 강조하는 차원에서 다시 설명한다. 상사와 관리라는 단어가 과연 양립할 수 있는 개념인가 의아할 수도 있다. 그러나 생각과 다르게 상사는 아주 중요한 관리의 대상이다.

상사를 관리한다는 건 아첨을 떨고 아부를 하라는 뜻이 결코 아니다. 상사는 나의 미래에 발을 담그고 있는, 그러니까 운명에 영향을 주는 존재다. 나의 기회를 제거해버릴 수도 있고, 언제라도 나의 구원투수로 나서줄 수 있는 사람이 바로 상사다. 상사 관리란 나의 운명을 쥐고 있는 사람과 신뢰 관계를 맺어야 한다는 이야기다. 즉 서로 믿고 의지할 수 있는 관계를 만들어야 한다. 추종 관계가 아니라 함께 일하는 동료로 친밀한 관계를 유지하는 게 열쇠다.

사람 관리를 하면서 먼저 생각해야 할 건 사람마다 유형이 다르다는 점이다. 운 좋게 나와 코드가 맞는 상사를 만날 수도 있지만 아닐 확률도 없지 않다.

그러니 일단 상사의 유형을 파악하고 공통분모를 찾아야 한다. 과정 중심인지 결과 지향인지, 깊이인지 속도인지, 실수에 관대한지 아닌지 등등 업무 스타일에서 성격을 파악할 수 있다. 그중 나와 맞는 것이 한 가지는 있을 텐데, 그것을 극대화해서 서로의 관계를 잇는 다리로 이용하자. 이때 가장 중요한 건 진정성을 가지고 관계를 맺어야 한다는 점이다. 진심은 눈빛으로 나타나게 마련이다. 상하 관계에서 어쩔 수 없이 곁에 있는 것과 적극적으로 다가오는 것은 눈빛부터 다르다.

아디다스 코리아가 아디다스 글로벌 컴퍼니에 편입되고 나서 나는 쭉 외국인 사장과 일했다. 원래 하루를 일찍 시작하는 편이라 아침 일찍 출근해 사장과 간단한 이야기를 나누곤 했다. 작정하고 사장실에 들어가 이야기를 한 게 아니라 출근길에, 엘리베이터 안에서, 차 한 잔을 나누며 내가 본 시장 상황, 경쟁사 동향, 한국 내 트렌드와 핫 이슈, 제품 출시 반응 등을 공유한 것이다. 나중에 가까워지고 난 후에는 탁월한 실적을 내놓을 수 있는 한국 시장만의 차별적 마케팅 활동에 대한 의견을 교환하기도 했다.

외국 사람이라 더 그랬겠지만 상사들은 대체로 외롭다. 어렵고 부담스러워서 아무나 잘 찾아가지 않는다. 그래서 먼저 찾아가서 인사를 건네면 분명 반가워한다. 눈치 없게 바쁜 시간에 불쑥 찾아가는 건 안 되겠지만, 막 출근한 아침 시간이라든가 잠깐의 휴식 시간에 먼저 인사를 건네고 대화를 나누는 것을 싫어할 사람은 없다. 사장을 비롯한 상사들은 한정된 시간을 활용해 많은 일을 하기 때문에 그가 얻는 정보는 한정될 수밖에 없다. 그들과 솔직한 이야기를 나누면 진정한 파트너이자 동료이자 조력자로 인식될 것이다.

상사를 절대 어렵게 생각하거나, 공적인 업무와 관계될 때만 대화하는 상대로 생각하지 말자. 아침에 출근하는 시간에 짧게라도 그간의 일을 브리핑해주면 외국인 사장들은 무척 고마워했다. 멀리 볼 여유가 없는 사람들에게 잘 정리된 정보를 주니 그럴 만도 했다.

상사와는 공적으로나 사적으로나 파트너가 되기를 권한다. 나 역시 여러 사장들과 사적인 자리에서 편하게 이야기를 나누고, 따로 식사 자리를 가지며 편안한 친구 같은 시간을 보냈다.

사원의 위치라면 사장과 독대하기 어려울 것이다. 그런 경우 동료나 바로 위 상사, 옆 부서의 상사 등과 친분을 만들어 나가는 것도 좋다. 이렇게 윗사람과 자꾸 어울리고 이야기를 나누다 보면 자신의 의견을 좀 더 자연스럽게 전달할 수 있다. 다른 사람과 일하다 보면 이견이 생길 수 있다. 그럴 땐 무턱대고 대들거나 반항하기보다 대안을 가지고 설득해야 한다. 상사의 말도 맞지만 충분히 다른 관점으로 생각해볼 만한 문제라는 걸 강조하는 스킬이 필요하다. 우호적인 방법으로 진심을 담아 상사의 숨은 니즈를 파악하고 긍정적 효과를 주는 피드백을 수시로 주는 것도 방법이다. 상사야말로 회사에서 내가 뭘 원하는지 이야기하고 어떻게 성장하고 싶은지 인간적으로 도움을 청할 수 있는 최고의 상대라는 걸 기억하자. 보고하는 사람은 상사의 입장을 생각해 KISS 논리로 보고하는 습관을 들여야 한다. 핵심 메시지를 간결하게 전달하는 훈련을 하도록 하자. 상사 입장에서 스마트한 보고는 핵심을 포착해 간결하게 전달하며 상사의 시간을 아껴주는 것이라는 것도 꼭 기억해두자.

동료 관리 동료는 당신을 승진시켜줄 수 없다. 그러나 승진할 기회를 없애버릴 수는 있다. 동료와 협력 관계를 잘 유지해야 한다. 만약 다른 부서 동료와 갈등 관계에 부딪힌다면 부서가 아닌 회사를 우선으로 생각해야 한다. 공동 이익, 공동 발전, 공동선을 추구하면서 협력해야 하는 게 동료다. 이렇게 생각하면 이견이 생겼을 때 대안을 찾으며 잘 풀어 나갈 수 있다.

그래도 통하지 않을 경우엔 동료와 대화하면서 분쟁을 줄이려는 지혜가 필요하다. 동료는 함께 시작하고 함께 나아가는 존재다. 잘못하면 위아래로 밟고 밟히는 관계가 될 수 있지만 현명하게 관계를 맺는다면 서로 어깨동무를 하고 잠시 기댈 수 있는 소중한 벗이 되어줄 것이다. 지금은 경쟁과 협력을 동시에 해야 하는 코피티션Cooperation+Competition의 시대다. 회사의 공동 목표를 달성하기 위해서 동료에게 당당하게 요구하는 것이 회사를 위한 이기심이고, 거꾸로 그러한 동료의 도움을 진심으로 도와주고 협력하는 것이 회사를 위한 이타심임을 기억하자.

부하 관리 성공한 팀장들에게는 공통점이 있다. 일을 많이 하려고 하지 않는 것이다. 팀원이 할 수 있는 일은 오롯이 맡기고 자신은 조력자가 되는 팀장이 결국 임원이 된다. 간혹 팀원일 때는 뛰어난 성과를 보이다가 팀장이 된 후 부장으로 승진하지 못하고 퇴사하는 이들이 있다. 그들의 문제점은 여전히 팀원의 역량에 머물러 있다는 것이다. 팀원일 때 잘하던 일을 팀장이 되어서도 잘하려고 해선 안 된다.

각자의 자리에 맞는 역량을 갖춰야 한다. 이는 조직에서 매우 철저하게 지켜지는 규칙이다. 사원 같은 대리, 대리 같은 과장은 바람직하지 않다. 그렇게 되면 아무리 열심히 해도 스포트라이트를 받지 못한다. 부하 직원이 무대에 설 차례라면 과감하게 무대 뒤로 물러나 조명감독 자리에서 조명을 비춰줘야 한다. 모두 협력해서 자기 자리에서 자신이 맡은 역할을 잘해야 아름다운 극이 완성된다. 팀원이 할 수 있는 일은 팀원에게 맡기고 팀장은 부장으로 가는 길에 대한 예습을 하자. 팀원보다 돋보이려고 일을 가로채거나 전부 자신의 공으로 돌리느라 부하의 성장에 신경 쓰지 않는 팀장은 피드백이 좋을 수 없다. 자신들을 도와주지 않는 팀장에게 후한 점수를 줄 리 없기 때문이다.

팀장은 인감도장, 즉 인정하고 감사하고 도움을 주고 기회를 주면서 "짱(최고!)"이라고 칭찬하는 그런 사람이 되어야 한다. 팀원의 실력을 인정하고, 일을 잘 해준 것에 감사하고, 모르는 것에 도움을 주며, 결과를 칭찬할 줄 아는 상사가 능력 있는 상사다.

그릇을 키워야 하는 자리가 팀장의 자리다. 회사에서 보는 건 단순한 실적이 아니라 실적을 바탕으로 한 자질과 역량이다. 과연 사장 자리에 앉혀도 문제없을 인품을 가졌는가. 당신도 모르는 사이 이미 회사는 면밀히 파악하고 있다는 걸 명심하자.

임원에게 필요한 역량

팀장의 자질을 갖추고 키우며 열심히 예습하는 사람들은 대부분 임원을 꿈꿀 것이다. 임원이 되려면 다른 게임을 준비해야 한다. 6개월, 1년, 단기 임원은 큰 의미가 없다. 적어도 3~4년 임원을 거쳐 부사장, 사장으로 올라가야 하지 않겠는가?

아디다스 회장이었던 허버트 하이너를 가장 가까이서 보좌한 사람 중에 그룹 최고운영책임자 얀 루나우가 있다. 다른 글로벌 기업 근무 경력이 풍부한 그를 만났을 때 물었다.

"하이너 회장님을 비롯해 독일 유수 기업들에는 유명한 리더들이 많은데, 훌륭한 리더들의 공통점이 뭔가요?"

"바로 떠오르는 게 있네요. 하나같이 모두 일에 대한 사랑과 열정, 상대에 대한 예의와 친절, 그리고 고결성을 지녔어요."

"다른 건 다 이해하겠는데 고결성은 무슨 의미인가요? 윤리성이나 도덕성 같은 맥락인가요?"

"예를 들어볼게요. 만약 어떤 상사가 HK 일 잘해, 잘하고 있어, 라고 칭찬했어요. 그러다가 갑자기 해고하면 너무 충격이잖아요. 말과 행동이 일치하지 않으니까요. 고결성이란 앞과 뒤가 다르지 않으며 정직과 신뢰를 쌓아가는 마음이에요."

"서로 신뢰할 수 있는 사람이 된다는 건가요?"

"그래요. 밑바닥에 정직함과 솔직함이 있는 거예요. 이해관계가 있는 사람에게만 정직한 게 아니라 누구에게나 그렇게 하는 거죠. 누구에게나 공평하게 똑같이요."

훗날 성공한 리더들을 만날 때마다 그가 말한 공통점을 생각했다. '열정과 직업에 대한 투철한 사랑PASSION & LOVE FOR JOB', '고결성, 말과 행동의 일치성과 신뢰성INTEGRITY', '상대에 대한 예의와 친절, 자상함NICE TO PEOPLE'은 신기하게도 대부분의 성공한 리더들이 갖추고 있는 덕목이었다.

내가 생각한 임원이 갖춰야 할 덕목을 소개한다.

고결성 임원은 모든 직원이 바라보는 모델이고 직원들을 대표하는 자리다. 도덕적이고 윤리적으로 문제가 없어야 한다. 리더십은 존경에서 나온다. 존경받는 사람이 되도록 행동, 말, 태도에 신경을 써야 한다. 정직하고 투명해야 한다. 그래야 직원들의 존중과 몰입을 이끌 수 있다. 신뢰를 기반으로 한 영향력만큼 강력한 것은 없다는 걸 잊지 않아야 한다.

전략 수립 내외부 환경 분석 능력, 내부 경쟁력과 진단 능력을 갖추고 있어야 한다. 한마디로 사업 전략을 수립할 수 있는 능력이 있어야 한다는 이야기다. 전체적인 그림을 그리기 위해서는 보는 눈을 길어야 한다. 헬리콥터 뷰를 가지고 로드맵을 구축해 이를 바탕으로 전체를 아우르는 그림을 그릴 수 있는 넓은 시야를 가져야 하고 변화무쌍한 일상 속에서도 기회를 포착하는 맥락지능Contextual Intelligence이 필요하다. 디지털 대변혁기에 문제 해결 능력을 키우기 위해서는 동료나 상하 직원간의 협력을 위한 관계 스킬과 타인과 공감하는 감성 스킬 이외에도 최근 새롭게 강조되고 있는 역량이 맥락지능이다.

리더십 사람을 움직이게 하는 사람이 되어야 한다. 회사가 가고자 하는 방향으로 모두 함께 달릴 수 있도록 앞에서 선도하는 사람이 임원이다. 적재적소에 인재를 배치하고 활용하며, 재능을 육성하고 업무를 적절히 위임하는 능력도 지녀야 한다. 직원들이 힘을 합쳐 성과를 공동 창출하게 하는 스킬이 필요하다. 리더십이란 곧 영향력이다. 자신의 긍정적인 영향력이 있어야 조직을 좋은 방향으로 변화시킬 수 있고 직원들이 믿고 따르게 된다.

네트워크 관리 대내외 네크워크 형성은 임원이 반드시 해야 하는 업무다. 네트워크가 잘 형성된 임원은 리스크 관리에도 능하다. 특히 요즘처럼 정답이 매일 바뀌는 대변화의 시기에 탄탄하게 연결된 외부 협력체계는 어떤 문제가 발생해도 남들보다 빠르고 기민하게 해결책을 찾아내는 데 도움이 된다. 네트워크는 직원, 고객, 판매사원, 업계 전문가, 파트너, 에이전트, 전문 커뮤니티, 코치, 멘토가 해당될 수 있다.

균형감각 임원이 되면 현장에 나갈 시간이 부족하다. 그럴수록 일부러 짬을 내서라도 현장과 외부 고객과 소통하면서 내외부의 균형을 잘 갖춰야 한다. 부장 때는 잘했는데 임원이 돼서 균형을 못 맞추고 기울어지는 경우가 있다. 철저한 관리를 통해 균형 잡힌 업무 시스템을 갖춰야 한다. 그러기 위해서는 시간관리 및 분배, 우선순위 조정을 통해 균형을 맞출 수 있어야 한다. 여백이 있어야 채울 수 있듯이 새로운 전략을 발견하고 발상을 하려면 바쁨 속에서도 여백의 균형을 가지는 자기만의 노하우가 반드시 필요하다.

체력 관리 임원은 많은 스트레스를 받는 자리다. 굉장한 압박이 연일 계속된다. 15분, 30분 단위로 쪼개 여러 복합적인 문제를 결정하고 실행하고 해결하는 자리이기 때문에 체력이 있어야 버틸 수 있다. 스트레스와 체력을 관리해야 오래도록 일할 수 있다. 내가 만난 최고경영자들은 대부분 튼튼한 체력을 갖췄다. 정신력 또한 체력에서 나오기 때문에 그들은 건강 관리에 최선을 다했다. 장수 임원이 되지 못하는 요인으로 자주 등장하는 게 의외로 체력이다. 항상 최상의 상태를 갖출 수 있도록 자신만의 규칙을 만들어 관리하는 게 반드시 필요하다. 체력 관리는 습관이다. 조직의 장에서 물러나, 제2 인생을 활발하게 열어가고 계신 분들 중에서 지금도 철저하게 건강과 체력을 지켜 나가는 이들이 많은 데는 다 이유가 있다.

임원을 꿈꾼다면 지금 설명한 이 모든 것들을 부장 시기에 보여줘야 한다. 그래야 회사에서 당신을 선택할 것이다. 회사는 노력하는 사람에게 임원 승진의 기회를 준다. 《초격차》에는 리더의 자질로 '무진겸'과 '통지결실'을 강조한다. 무진겸은 무사욕과 진정성, 겸손을 말하고 통지결실은 통찰력과 지속성(초격차와 혁신성의 유지), 결단력(확신과 신념), 실행력(규칙의 힘)을 뜻한다. 내가 강조하는 진성치치, 즉 진정성과 실행력, 그리고 치열함과 치밀함이 팀장의 역량이라면 무진겸 통지결실은 임원이 갖춰야 할 소양이다.

임원은 회사의 방향과 최고경영자의 의중을 파악해 조직과 직무의 방향성을 일치시키는 위치에 있다. 조직원의 자발적 참여를 유도하면서 명확한 방향을 제시해주는 사람이다. 길고 멀리 보는 통합적 관점에서 최고경영자와 회사 전체의 이익을 생각하며 신속하게 의사결정을 해야 한다.

최첨단 디지털 시대에 접어들면서 복잡한 문제 해결 능력, 리더십, 사회적 영향력, 감성지능, 아이디어 생성 능력 등 기존과 다른 직무 스킬이 떠오르고 있다. 새로운 직무 스킬을 무장하고, 상대의 스킬을 알아채야 하는 자리가 임원이다. 포스트 코로나 시대, 임원들의 세대 교체가 속속 진행되고 있다. 그 자리에 올라서기 위해 혹은 지키기 위해 노력하는 사람이라면 하루라도 빨리 부족한 역량을 감지하고 키워 나가도록 하자.

직장을 옮기고 싶다면

누구나 한 번쯤 이직을 꿈꿔봤을 것이다. 인생은 어차피 긴 여행이다. 겁먹지 않고 움직여보는 것도 나쁘지 않다. 다만 준비가 필요하다.

이력서는 종이 한 장이 아니다. 그 안에 자신의 모든 성취와 강점이 담겨 있다. 지난 시간 동안 무엇을 했는지, 어떤 성취를 이뤄냈는지, 어떤 성과를 만들어냈는지 빠짐없이 들어 있다. 이직하려면 이력서에 일 외적으로 어떤 역량을 개발하고 교육 받았는지 빈틈없이 적어야 한다. 회사는 경력직 사원을 인터뷰할 때 이력서에서 세 가지를 본다. 능력, 인성과 달라진 환경에서의 적응력, 미래의 잠재력이다.

이력서에 이런 것들을 채워 넣어야 한다. 실적도 중요하지만 인성과 변화지수도 그에 못지않게 중요하다. 회사는 인터뷰를 통해 얼마나 정직한지, 인간적인지, 개인일 때 뛰어난 기량을 발휘하는지 팀플레이에서 빛을 내는 사람인지, 회복탄력성이 있는지 파악한다. 다양한 역량을 개발했다는 정보를 보면서 과연 팀장에서 부장으로, 또 임원까지 성장할 수 있는 잠재 역량이 있는지, 학습능력과 변화 관리 능력이 있는지 살펴본다. 무엇보다 자기 자신에 대한 야심과 중장기 로드맵이 있는가를 중요하게 살핀다. 그러니 이직할 생각이라면 이런 질문에 자신 있게 답할 수 있게 준비해야 한다.

프로필 관리

이직을 대비해 미리 프로필 관리를 해놓자. 1년 차에서 5년 차까지 팀원 시절엔 프로필 관리가 쉽지 않다. 경험이 부족하기 때문이다. 하지만 방법이 없는 건 아니다. 주업무를 하면서 다양한 경험을 쌓기 위해 회사의 TFT^{Task Force Team}에 적극 참여하는 방법이 있다. 회사가 중요하게 생각하는 단기 프로젝트에 자원해 간접 경험하는 기회를 얻는 것이다.

아울러 매년 상하반기에 본인의 주요 성취를 기록한다. 나중에 정리하려면 기억나지 않아 누락시킬 수도 있으니 그때그때 기록해야 한다. 성과에서 어떤 걸 배웠고 성공 요인이 무엇이었는지도 함께 정리해놓는다. 또 당시 직급에서 했던 최고의 활동 또한 기록한다. 이는 특히 중요한 요소이니 꼼꼼하게 기록해두어야 한다.

마지막으로 나의 평판에 도움이 될 만한 상사나 동료를 확보해놓는다. 아무리 좋은 스킬이 있더라도 관계에 서툴다면 좋은 인상을 주기 어렵다. 함께 일할 사람을 뽑을 때 무엇보다 중요하게 여기는 건 같이 일할 때 즐거울 수 있느냐다.

구글, 메타(옛 페이스북), IBM, 3M 코리아가 어떤 역량을 강조하는지 보면 쉽게 이해될 것이다. 구글의 경우, 실패를 용인하는 혁신적인 문화가 있다. 이들 회사가 강조하는 건 문제 해결 능력, 협업 능력, 행동하는 열정, 배움에 대한 겸손, 모호함 가운데서 길 찾는 능력이다. "새로운 고민을 하지 않으면 구글러가 아니다. 현장 경험을 반드시 쌓아라. 기존 일을 80퍼센트 하면 20퍼센트는 새로운 일을 찾아내서 하라. 일에 대한 소명의식을 반드시 부여하라. 믿음과 신뢰를 가지고 일하라." 구글의 요구다. 자, 이제 한번 자문해보자. 당신은 이 중 몇 가지에 해당되는가?

변신과 혁신, 변화의 대명사로 불리는 IBM이 성과 관리를 하는 데 있어 가장 중요하게 생각하는 역량은 타인에 대한 책임, 동료와의 협업이다. 조직 생활을 하다 보면 혼자 풀 수 있는 문제는 없다. 적은 외부에 있는데 내부 직원들끼리 총부리를 겨눠서는 안 된다. IBM의 생각이다.

3M 코리아가 가장 강조하는 것은 다양성과 포용성이다. 정답은 하나가 아니며, 어제의 정답은 오늘의 정답이 아니며, 어제의 성공이 오늘의 실패일 수도 있다는 생각, 내 의견이 전부 옳을 수 없다는 겸손을 바탕으로 한 다양성을 인정하는 태도가 가장 필요한 자질이라고 본다. 요즘 중요시하는 역량은 동료와의 협업, 기술의 변화다. 새로운 기술을 나의 업무나 비즈니스 성과에 접목시킬 수 있어야 한다. 나 혼자 잘나가는 역량은 반쪽짜리다. 타인에 대한 책임과 공감이 바로 성과로 나타나는 시대라는 걸 잊어서는 안 된다.

그래도 이직하고 싶다면

이직은 득이 될 수도 있지만 독이 될 수도 있다. 이직을 앞뒀다면 모쪼록 신중, 또 신중해야 한다. 괜한 충동으로 회사를 그만뒀다가는 시간만 낭비할 수 있다. 왜 퇴사하려는지, 왜 옮겨야 하는지 명확한 답을 얻은 후에 움직이자. 다음은 이직 전 스스로에게 물어야 할 질문이다.

- 현재 회사에서 나의 커리어 골을 달성할 기회가 있다.
- 나의 성장에 대한 배려와 지원이 있다.

- 회사 경영진과 임원에 대한 직원들의 신뢰가 있다.
- 회사의 경영 상태가 투명하게 공유되고 있다.
- 업스킬과 리스킬을 위한 자기계발 기회를 얻을 수 있다.

이 다섯 가지를 충분히 고민한 뒤 답이 긍정적이라면 굳이 이직하지 않아도 원하는 바를 얻을 수 있을 것이다. 그러나 부정적인 답변이 많다면 이직을 선택해도 괜찮다. 서로 신뢰가 두터운 관계라면 상사와 미리 상의해보는 것도 좋다.

아디다스 코리아의 오우진 이사는 나의 오른팔 같은 사람이었다. 어느 날 그가 면담을 요청해왔다. 평소와 달리 잔뜩 긴장한 모습이었다.

"부사장님, 홍콩지사에 자리가 났습니다. 저에게 기회가 주어질 것 같은데 잡고 싶습니다."

그가 없는 조직을 생각해보지 않았던 터라 조금 심난했지만, 일단 그의 의사를 다시 한 번 확인했다.

"꼭 가고 싶어요?"

"네, 꼭 가고 싶습니다."

"경력에 필요한 기회가 맞나요?"

"네, 다녀오면 더 성장해 있을 거라고 생각합니다."

아쉽고 안타까웠지만 나는 오우진 이사의 성장을 위해 기꺼이 보내줬다. 이 외에도 유학과 관련해 상담을 청한 리테일마케팅 직원, 다양한 경력을 위해 높은 직급으로 이직하겠다는 직원, 경영대학원에 진학해 경영자 준비를 하겠다던 지영 차장, 아시아 본사 근무를 희망한 박준호·김정현·송인범 등 여러 직원들과 상담하면서 그들의 길을 응원해줬다.

상사들은 대부분 직원들이 성장할 기회가 있으면 기꺼이 응원해준다. 아닌 사람도 있겠지만, 자신이 아끼는 사람의 성장을 꺼리는 상사는 그리 많지 않다. 그러니 고민된다면 상사와 의논해보는 것도 하나의 방법이다.

이직을 결심했다면 면접 전 준비를 철저히 하고 도전하자. 아래 항목들은 내가 경력직을 뽑을 때 자주 묻던 질문들이다. 이직할 회사가 면접을 위해 중점을 둘 미래 발전 가능성과 유연성, 조직과 개인 개발을 위한 질문들에 대한 답변을 면접 전 준비해두면 좋다. 실제로 얼마 전 멘티 청년이 이 질문들을 연습해 단한 명 뽑는 경력직에 합격했다. 대기업 전산부 직원이었던 그는 스타벅스 코리아에 지원했고 이직에 성공했다.

국내 기업에서 외국계 기업으로 옮길 때는 외국 기업의 문화 등을 공부하는 것이 좋다. 오랜 시간 멘티와 면담하며 이전 경력과 지원할 미래 역할의 연결성, 공헌할 수 있는 부분, 자신의 강점과 개발 분야, 지원 이유, 합격 이후의 자기계발 계획과 포부, 어떻게 회사의 성장에 기여할 것인지 등에 대한 의견을 정리하고 면접에 임할 것을 당부했다. 아래는 면접에서 내가 자주 물어보던 질문들이다. 이직을 준비할 때 참고하길 바란다.

이직 시 면접에서 자주 등장하는 질문

1. 이직이나 전직의 이유는 무엇인가?
2. 이 회사에 합격한다면 이루고 싶은 꿈과 기여할 수 있는 부분은 무엇인가?
3. 전 직장에서 탁월한 성취를 이룬 바로 어떤 것이 있는가? 그것의 성공 요인은 무엇인가?
4. 전 직장에서 실패를 경험했다면? 그리고 그것을 어떻게 극복했나? 극복 과정에서 어떤 교훈을 얻었는가?
5. 당신의 리더십 스타일은 어떤 유형인가? 축구 선수로 예를 들 때 수비수, 공격수, 골기퍼, 감독, 심판 어느 쪽이라고 생각하는가?
6. 협업이 중요한 시대다. 본인이 기여한 협업 사례를 들려달라.
7. 창의력이 중요하다. 창의력을 위한 본인만의 훈련 방법이 있나?
8. 왜 당신이 새로운 자리의 적임자라고 생각하는가?
9. 본인이 정의하는 리더십과 자기만의 리더십 개발 훈련법이 있다면 무엇인가?
10. 장기 비전은 무엇이고, 그것을 돕는 멘토가 존재하나?

일에 미친다는 건 단순히 자신의 시간을 갈아 회사에 바친다는 의미가 아니다. 확실하게 스스로를 파악하고 자신이 원하는 바를 제대로 알고 세상에 뛰어드는 일이다. 나의 꿈을 이뤄주고 욕망을 채워줄 일을 만나면 누가 시키지 않아도 미친 사람처럼 일하게 된다. 꿈을 꾸자. 그리고 그 꿈을 향해 미친 듯이 달려보자. 꿈을 꾸면 뭐든지 해낼 수 있다. 대표까지 올라가지 못한다면 창업을 해서 스스로 대표가 될 수도 있다. 문제는 꿈이 없는 것이다. 꿈을 꿔야 그것을 이루기 위해 준비하게 된다. 임원이 되지 못할 팔자, 사장이 될 팔자. 팔자는 따로 있지 않다.

가난해서 지방대 출신이어서 중소기업 직원이라서 이루지 못할 꿈은 없다. 유니콘 기업들은 작은 회사에서 출발한다. 그들 중 처음부터 유니콘으로 인정받고 투자받은 회사는 없다. 실패하고 재기하고 다시 실패하고 다시 일어선 사람들이 투자자들에게 인정받으며 승승장구한다. 실패하지 않고 성공한 사람은 없다. 겁내지 마라. 거대한 파도를 기다리는 서퍼의 마음으로 심호흡하고 준비해 나가자.

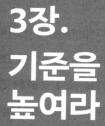

3장.
기준을
높여라

Raise the Bar

계획만 하고
망설이는 이들을 위한
셀프 리더십

Intro

엘레나 이신바예바가 여자 장대 높이뛰기의 마의 벽이라고 불리던 5미터를 넘은 건 2005년이다. 그해 그녀는 차례로 4m 93cm, 4m 95cm, 4m 96cm를 넘고 마침내 5미터 벽을 정복했다. 그리고 헬싱키에서 열린 세계선수권대회에서 5m 1cm의 기록을 세웠다.

'라이즈 더 바Raise the bar'라는 영어 관용구가 있다. '기대치를 높인다'는 뜻의 이 관용구는 조금씩 바를 높이며 기록을 경신하는 높이뛰기와 장대 높이뛰기 경기에서 유래했다.

기준을 높여야 위로 높이 올라갈 수 있다. 세상은 끊임없이 변화하고 목표 지점은 계속해서 멀어진다. 목표에 닿기 위해서는 행동이 필요하다. 변화를 위한 실행과 실천이 동반되어야 한

다. 물론 중간에 수정해야 할 수도 있다. 당연하다. 방향과 나아
감이 중요하다. 속도는 그다음 문제다

항상 한 수 앞을 주시하며 감각을 키웠던 나는 누구보다 시
장의 변화를 빠르게 감지하는 사람이었다. 내가 현장에 있었던
1990년대, 2000년대, 2010년대는 국내는 물론 세계적으로도 시
장과 문화의 패러다임이 바뀌던 때였다. PC 보급, 인터넷 공용
화, 스마트폰의 탄생 등 인류사의 굵직한 사건들이 차례로 지나
갔다. 글로벌 경쟁이 본격적으로 시작되면서 시장의 규모 자체
가 달라졌다. 예측하지 못한 물살에 휩쓸려 압사당할 것이냐, 물
살을 타고 더 멀리 나아갈 것이냐의 기로에서 나에게 가장 필요
한 선택을 해 나갔다.

아디다스에서의 시간은 나를 바꾸는 과정의 연속이었다. 그
리고 시대에 맞는 옷을 입기 위해 나는 두 번 사표를 썼다. 대전
환의 시대에는 머무는 것만으로는 성장할 수 없다. 기준을 높이
고 그것에 맞춰 자신을 단련하고 바꿔 나가야 한다.

초고속 승진을 하고도 사표를 낸 이유

2000년 시드니 올림픽 당시 아디다스 코리아는 제우교역의 틀을 벗어나 아디다스 글로벌 컴퍼니에서도 중요하게 생각하는 로컬 회사가 됐다. 당연히 본사와의 소통이 중요해졌다. 독일 본사 임원들에게 보고해야 하는 상황이 된 것이다. 그동안 군이 직원 모두가 영어를 쓸 일은 없었다. 몇몇 능통한 직원들이 도맡아 소통하면 됐고, 영어를 써봤자 메일을 주고받는 정도였다. 하지만 이제 그 정도로는 충분하지 않았다.

2단계 승진을 한 것이 1997년 무렵이었으니 불과 몇 년 만에 세상이 바뀐 셈이었다. 앞으로 어떻게 할 것인가. 이미 내 나이는 서른을 훌쩍 넘었고 아이들은 열 살, 다섯 살이었다. 그대로 있어도 당장 크게 불편하지 않을 자리였고, 외부에서 보기엔 때 맞춰 승진하고 업무적으로 인정받는, 아무 걱정 없는 안정적인 상황이었다.

그러나 내 생각은 달랐다. 가만히 있다가는 배에서 밀려나 망망대해에 남겨질 것 같았다. 어학원에 다니며 부족한 공부를 했지만 갑자기 어학 실력을 늘리기는 쉽지 않았다. 시험을 통과하기 위한 영어 공부가 아닌 소통을 위한 공부라 더 어려웠다. 일과 생활이 있는 30대 가장이 오전에 한 시간씩 수업을 들으며 영어 회화를 수준급으로 올리는 건 무리라는 판단이 들었다. 고심 끝에 유학을 결심했다.

회사에는 유학을 위한 휴직 제도가 없었다. 사표를 내고 가야 하는 상황이었다. 이제 승승장구할 일만 남았는데 갑자기 왜 유학이냐며 나를 아끼던 사람들이 앞다퉈 말렸다. 그러나 지금 도전하지 않으면 앞으로는 길이 없을 것 같았다. 길이 없어서 아무 데도 가지 못하는 꽃가마는 타지 않느니만 못하다. 아내에게 결심을 말하니 흔쾌히 동의했다. 예나 지금이나 아내는 항상 나의 결정을 믿고 응원해주는 든든한 조력자다.

2000년 시드니 올림픽을 활용한 브랜드 홍보와 마케팅 준비를 끝내자마자 회사에 사표를 냈다. 독일에서 파견 나온 유르겐 스트라페 사장이 만류했다. 스트라페 사장은 매일 아침 자신보다 일찍 출근해 주인의식을 가지고 일하는 나에게 호감을 가지고 있었다. 본사에 알아봐줄 테니 휴직하라고 했지만 당시 아디다스에는 휴직 제도가 없었다. 나는 사장의 호의에 감사하며 사표를 수리해달라고 부탁했다.

자리에 대한 욕심보다는 배움에 대한 절박함과 절실함이 컸다. 다시 돌아왔을 때 나를 받아줄지 아닐지 모를 일이지만 적어도 새로운 기회가 있을 거라는 믿음이 있었다. 이제 와 하는 얘기지만 어디서 소문을 들었는지 떠나기 일주일 전 헤드헌터에게 연락이 왔다. 이미 비행기표를 끊어놨다고 하는데도 꼭 만나자고 했다. 어쩔 수 없이 나간 자리에서 국내 굴지의 스포츠 그룹 브랜드 총괄부장 자리를 제의했다. 좋은 제안이었지만 결심을 무너뜨릴 정도는 아니었다. 아니, 어느 것으로도 무너져서는 안 됐다. 글로벌 시대 대변혁의 물살에서 살아남기 위해서는 영어라는 구명보트가 꼭 필요했다. 정중히 고사하고 일주일 후 우리 가족은 캐나다행 비행기에 몸을 실었다.

8월 19일이었다. 전날까지만 해도 뜨겁기만 한 전형적인 여름 날씨더니 우리가 떠나는 날에는 기온이 조금 내려갔다. 공항에 도착해 수속을 마치고 아이들과 비행기에 오를 때도, 아니 안전벨트를 매고 승무원의 지시 사항을 들을 때도, 아니 이륙한 후 한국 땅이 점점 멀어지는 걸 바라볼 때도 괜찮던 마음이 시간이 지날수록 이상해졌다.

아이들은 이내 잠이 들었고 아내도 피곤한지 말없이 눈을 감고 있었다. 화면의 대륙과 대륙 사이를 잇는 포물선 가운데쯤 비행기 그림이 깜박였다. '태평양을 건너고 있구나.' 창 밖으로 보이는 모습은 하늘 위 자욱한 구름뿐이었지만 우리는 망망대해 태평양 위를 날고 있었다. 갑자기 눈물이 쏟아졌다. 번쩍 정신이 들면서 현실이 눈에 들어왔다.

모든 걸 다 버리고 갈 만한 선택인가? 이렇게까지 해야 하나? 뭐가 잘나서 그렇게 별난 선택을 하느냐는 냉소적인 반응들이 떠올랐다. 아내와 아이들까지 낯선 환경에 몰아넣고, 과연 이게 맞는 건가? 눈물을 닦으며 처음부터 다시 천천히 생각해봤다. 내가 왜 떠날 결심을 했는지 다시 한 번 복기했다.

원인은 영어가 아니라 두려운 마음

외국인 직원을 만날 때마다 들었던 복잡한 심정들. 긴장과 초조와 스트레스가 동반되던 두려운 시간들. 일을 잘 해내고도 말을 알아듣지 못해 일순간 바보가 된 것 같은 자존심 상하던 상황들. 그래, 이제 언어는 일의 일부이기도 하다. 나는 누구보다 일을 잘하고 싶은 사람이니 해야 한다. 지금의 시간이 분명 값진 결과로 돌아올 것이다. 다시 다짐하며 캐나다 생활을 시작했다.

몬트리올에서도 비교적 한국인이 적은 지역에 집을 얻었다. 짐을 풀고 주말이 지난 뒤 등록 절차를 밟기 위해 맥길대학교로 갔다. 2년 동안 맥길대학교에서 언어 능력을 갖추고 MBA를 따는 것이 목표였다. 레벨 테스트를 보고 어학원에 등록하려는데 대학원 수업을 함께 들으면 좋겠다 싶었다. 고려대학교 경영대학원 과정을 들었으니 가능하지 않을까 싶은 생각이 들었다.

대학 행정실에서 어학원 등록 절차를 밟으며 대학원에 등록할 수 있는지 문의하니 학기가 곧 시작될 무렵이라 절차를 밟기엔 이미 늦었다고 했다. 서류를 다 준비하겠다고 말했는데도 안 된다는 소리만 했다. 직장 경력을 이야기하면서 꼭 듣고 싶다고 말했더니 조건을 달아 받아주겠다고 했다. 만약 F가 하나라도 나오면 모든 서류를 다시 내고 다음 학기에 새롭게 등록해야 한다는 말이었다. 오케이, 나는 조건을 받아들이고 대학원에 등록했다.

그다음 날부터 치열한 하루가 시작됐다. 아침 9시부터 오후 4시까지 어학 수업을 듣고 집에 와서 과제를 챙기고 식구들과 간단히 식사를 한 뒤 다시 6시 30분부터 밤 10시 30분까지 대학원 수업을 들었다. 수업이 끝나고 돌아오면 녹음기를 틀고 수업 내용을 돌려 들으며 놓쳤던 것들을 체크했다. 시간을 쪼개 쉴 틈 없이 공부하는 건 오히려 힘들지 않았다. 문제는 아무리 녹음기를 돌려 들어도 그 내용이 들리지 않는다는 사실이었다. 결국 교수를 찾아갔다.

"아시다시피 저는 아직 언어적으로 완벽하지 않습니다. 녹음을 했는데도 잘 들리지 않습니다. 수업을 제대로 듣고 싶은데 막

막합니다."

"그렇게까지 노력하고 있었군요. 도와줄게요. 앞쪽에 앉아 수업을 들으세요. 물론 녹음도 하고요. 그리고 수업 자료를 파일로 보내드리겠습니다. 한번 해봅시다."

그렇게 하면서부터 수업을 듣는 게 훨씬 수월해졌다. 느낌인지 모르지만 어쩐지 교수가 말을 천천히 하는 것 같았다. 수업 내용을 제대로 숙지하니 공부할 맛이 났다. 그렇게 매일 새벽 2시까지 공부했다.

무사히 한 한기를 마치고 다음 학기에 접어들 즈음, 문득 나이키의 움직임이 궁금해졌다. 북미는 나이키의 본고장이다. 이곳에서 나이키는 어떤 마케팅과 세일즈 전략으로 시장을 움직이고 있을까. 현지 상황을 제대로 알아보고 싶었다. 그래서 짬이 나는 대로 나이키 매장을 찾아다니고 도서관에서 나이키 관련 책자를 찾아봤다. 관공서나 쇼핑몰에 비치된 나이키 관련 리플렛, 잡지, 지역신문 등도 유심히 살폈다. 그때 깜짝 놀란 것이 우먼스 마케팅이었다. 국내에서는 아직 별도의 우먼스 마케팅이 펼쳐지지 않았던 시기였다. 그런데 나이키는 이미 북미에서 여성을 타깃으로 여러 가지 시도들을 하고 있었다.

깨달음을 얻고 찬찬히 둘러보니 북미에서는 이미 다양성에 대한 논의가 한창이었다. 생활 속에 여성의 위치와 역할에 대한 고민이 녹아 있었다. 공공관리직의 60~70퍼센트가 여성이고,

대부분의 여성이 일을 했다. 유학을 가기 전까지만 해도 나는 전통적인 사고방식에서 크게 벗어나지 못한 평범한 대한민국 남성 중 한 명이었다. 캐나다에서 그런 경험들이 쌓이면서 젠더라는 개념에 차별을 두어서는 안 된다는 생각을 갖게 됐다. 유학 생활 동안 언어를 배우기도 했지만, 다양성의 문화를 빨리 받아들이고 이해하고 수용할 수 있었던 게 더 큰 수확이었다.

영어에 빠져 살았지만 유창해지기엔 여전히 짧은 시간이었다. 내가 그곳에서 배운 것은 오히려 배짱이었다. 그동안 나는 내가 영어를 유창하게 하지 못한다는 사실에 주눅들어 소통에 어려움을 겪었던 것이라는 사실을 깨달았다.

대학원 수업 중 조별 과제를 할 기회가 있었다. 나는 우리 조원들에게 한국에서 아디다스 홍보 마케팅을 하다 와서 기획과 보고서 구성은 자신 있다며, 리더를 맡겠다고 했다. 대신 나보다 영어를 잘하는 너희들이 발표를 맡아달라고 했다. 내가 잘하는 구성, 전략, 기획을 맡고 상대적으로 밀리는 언어를 다른 조원들에게 떠넘긴 것이다.

그때 외국인 친구들과 어울려 과제를 하면서 그들과 일하는 방법을 비로소 구체적으로 깨달았다. 중요한 건 언어가 아니라 내가 가진 콘텐츠였다. 나는 그렇게 영어의 공포에서 해방됐다. 결과부터 말하자면 1년 유학을 마치고 돌아왔을 때 영어가 엄청나게 늘었다기보다 외국인에 대한 두려움과 공포가 없어진 것이 큰 성과였다. 물론 가기 전보다는 말하는 게 훨씬 부드러워지긴 했다. 유학을 가기 전에는 긴장해서 아는 것도 제대로 말하지 못했다면 유학을 다녀온 후에는 아는 것을 총동원해 거침없이 말을 주고 받게 됐다. 이후에도 단어 등 공부를 꾸준히 한 결과 외국 직원들 앞에서 영어로 프레젠테이션하거나 강연하는데 문제없는 실력을 갖게 됐다.

"HK, 당신이 필요합니다"

2년을 계획하고 떠난 유학은 1년 만에 끝났다. 2002년 한일 월드컵 때문이었다.

2001년 8월, 유학을 떠난 지 딱 1년이 됐을 때 비서실을 통해 전화가 걸려왔다. 유르겐 스트라페 사장이 만나서 할 이야기가 있으니 한국에 들어와달라고 했다. 스트라페 사장은 나를 2단계 승진시킨 이로, 나에게 큰 신뢰를 가지고 있는 사람이었다. 그가 보자고 할 때는 다 이유가 있을 터였다. 앞뒤 재지 않고 비행기 표를 끊어 서울로 왔다. 아내와 아이들에게는 잠시 출장을 간다고 말했다. 도착하자마자 약속 장소인 호텔로 향했다. 그는 나를 보자마자 말했다.

"HK, 그만 한국으로 와줘야겠어요."

"무슨 말씀이세요? 이제 1년밖에 안 됐는데요."

"지금 비상 상황입니다. 내년에 한국에서 월드컵이 열리는 거 알고 있죠? 이제 곧 부산 벡스코에서 공식구 발표식이 있습니다. 행사 주관사는 FIFA이지만 메인 스폰서는 아디다스입니다. 우리가 해야 할 일이 아주 많은 때죠. 그런데 지금 한국에 그런 것들을 실행할 전문가가 없어요."

떠나오기 전 후임자를 추천했고 내가 하던 업무를 맡고 있는 사람이 있는데도 그는 불안해했다.

"언제까지 와야 합니까?"

"언제까지 올 수 있어요?"

"최소한 1년 정도 더 있다가 오고 싶습니다. 2002년 월드컵이 시작되기 전에 오겠습니다."

"너무 늦어요. 지금 당장 와야 해요."

마케팅 임원을 새로 뽑았지만 스포츠 브랜드 전문가가 아니여서 내가 필요하다고 했다.

"도와줘요, HK. 가능한 한 빨리, 지금 당장이면 더 좋아요."

스트라페 사장은 한 달 뒤인 9월까지는 와서 준비해달라고 했다. 당황스러웠다. 아이들과 캐나다에 남아 있는 아내가 떠올랐다. 한편으로는 가족들에게 미안하다는 마음이 들면서 또 한편으로는 일 욕심이 났다. 솔직히 진짜 하고 싶었다. 한국에서 열리는 월드컵 마케팅과 언론홍보의 책임자라니! 결국 나는 스트라페 사장과 9월에 한국으로 돌아오기로 약속을 하고 헤어졌다.

사장과 헤어져 호텔이 있는 남산에서 한남대교까지 걸어 내려오는데 아내한테 뭐라고 이야기해야 하나 눈앞이 캄캄했다. 낯선 곳에서 혼자 아이들을 챙겨야 할 텐데 괜찮을까? 내가 너무 이기적인 건가? 더운 여름, 붐비는 사람들 사이를 지나 숙소로 돌아와 아내에게 전화를 해 자초지종 이야기했다. 아내가 한 말은 딱 한 마디. "잘 했어."

캐나다로 돌아가 가족들과 인사하고 짐을 싸서 우선 나만 혼자 한국으로 돌아왔다. 아내와 아이들은 계획대로 1년 더 머물기로 했다.

돌아오자마자 일이 쏟아졌다. 월드컵 관련 광고는 글로벌 본사에서 지시하는 대로 실행하면 되지만 홍보는 현지 취향에 맞춰 전략을 짜야 했다. 선수, 제품, 마케팅, 한국과 일본, 일본과 한국, FIFA, 모든 것을 우리나라를 중심으로 연결해야 했다.

나는 잘할 수 있는 영역에 집중하게 해달라고 요청했다. 마케팅 PR은 나의 주특기이니, 그것에 집중하게 해주면 완벽에 가깝게 해내겠다고 했다. 그런데 돌아와 업무를 시작한 지 일주일 후 뉴욕에서 끔찍한 뉴스가 날아왔다. 9·11 테러 사태였다. 불과 한 달 전만 해도 같은 대륙에 있었던 나는 어쩐지 섬뜩한 느낌이 들었다. 삶은 무엇일까? 인간은 어떤 존재일까? 고민이 꼬리를 물었지만 새 프로젝트가 코앞에 놓여 있었다.

착잡한 마음으로 시작한 프로젝트였지만 시작부터 기운이 좋았다. 내가 1년 전과 확실히 달라졌다는 걸 실감했다. 더 이상 외국인과 토론하는 것이 두렵지 않았다. 누가 와도 상대할 자신이 있었다. 혹시 말이 길어지면 어쩌나 하는 걱정이 사라지니 어떤 일을 추진하든 거침이 없었다.

업무의 첫 단추로 국내 언론사 기자들을 모아 아디다스 본사로 미디어팸투어를 떠났다. 본사에 주최국인 한국을 알리고 우리나라 기자들에게 아디다스 글로벌을 각인시키는 시간을 만들기 위해서였다. 공식구 발표 행사도 성공적으로 마무리됐다. 행사가 행사이다 보니 본사 회장이 한국에 들어와 월드컵 관련 일정을 모두 함께했다. 공식구 발표 다음 날 아침, 관련 보도자료를 보고해야 했다.

공식구가 발표되자마자 쏟아진 기사들을 수집했다. 서울에 있는 직원들이 석간신문이 나오는 시간에 맞춰 가판을 돌며 구한 자료들을 하드보드지에 하나하나 정리해 심야고속버스에 실어 부산으로 보냈다. 새벽 4시 고속버스 터미널로 달려가 자료를 받아 이젤 30개를 이용해 오전 보고 전에 세팅을 마쳤다. 조간신문에 실린 기사는 형광펜으로 체크해 회장과 임원들의 방에 밀어 넣었다.

회장뿐만 아니라 사장을 비롯해 글로벌 스포츠 마케팅 관계자들 모두 눈이 휘둥그레졌다. 그런 식의 보고는 처음인 듯했다. 성공적으로 행사를 마치고 남은 업무를 처리하기 위해 서울로 올라왔는데 전화 한 통이 걸려왔다. 회장님이었다.

"정말 수고했어요. 고마워요, HK."

그 뒤로 두 번의 대규모 컨퍼런스와 다양한 행사들이 있었지만 모두 만족스럽게 마무리됐다. 화려한 복귀였다. 본사에까지 한국의 강형근을 알릴 수 있었다. 월드컵이 끝나고 본사로부터 브랜드 마케팅을 총괄하라는 지시가 내려왔다. 그렇게 유학에서 갑작스럽게 돌아와 총괄부장이 됐다. 그즈음 스포츠 마케팅 부장이 퇴사하면서 나는 새로운 기회를 잡을 수 있었다.

확신이 서면 당장 시작하라

평소 나는 한 가지 궁금증을 갖고 있었다. 스포츠 마케팅, 브랜드 마케팅, 홍보, PR이 유기적으로 함께 돌아가면 훨씬 큰 시너지가 날 텐데 왜 부서를 통합하지 않을까? 스포츠 마케팅 부서장 자리가 공석이 된다는 걸 듣고 임원을 찾아갔다.

"브랜드 마케팅과 스포츠 마케팅이 함께 가면 훨씬 좋은 효과가 날 것 같습니다. 채널을 통합하면 의사결정도 빠르고 피드백도 바로 이뤄지지 않을까요?"

나의 제안에 상사는 "노No"라고 단칼에 반대 의사를 밝혔다.

"전 세계적으로 그런 사례가 없었어요. 중요한 두 팀을 하나로 통합한다? 저는 불가능할 것 같은데요."

나는 일의 효율성을 거듭 이야기하며 설득했다. 그리고 말했다.

"월급은 그대로 받겠습니다. 연봉을 더 받겠다는 게 아닙니다. 일하는 입장에서 더 나은 방향이기 때문에 말씀드리는 겁니다."

상사는 그 얘기를 듣고 잠시 생각하더니 사장을 만나 얘기해보겠다는 나를 말리지 않았다. 나는 새로 취임한 울프강 벤트하이머 사장을 찾아갔다. 나에게 다급하게 SOS를 보냈던 스트라페 사장은 아시아태평양 부사장으로 승진해 떠난 뒤였다.

"요청할 사안이 있어서 찾아왔습니다."

벤트하이머 사장을 찾아가 이야기를 시작했다. 지금껏 성공적으로 마쳤던 일들을 설명하고 스포츠 마케팅과 브랜드 마케팅이 왜 통합되어야 하는지에 대해 열변을 토했다. 후원 계약이 중요한 게 아니라 그 계약을 어떻게 활용해서 브랜드 가치를 올릴지가 핵심이라는 걸 강조했다. 더 빠른 의사결정을 내릴 수 있도록 두 개 부서를 맡는 걸 승인해달라고 했다. 듣고만 있던 사장의 처음 질문은 임원과 상의했냐는 것이었다.

"물론 했습니다."

"뭐라고 하던가요?"

"걱정하더군요."

"나도 같은 생각이에요. 걱정됩니다."

"기회를 주세요. 잘 해낼 자신 있습니다."

사장은 고민하더니 열흘만 시간을 달라고 했다. 열흘 후 회사는 결단을 내렸다. 두 팀을 합치기로 한 것이다. 아디다스가 한 번도 시도해본 적 없는, 모험에 가까운 선택이었다. 모두의 눈이 한국 아디다스로 쏠렸다.

실험 결과는 대성공이었다. 제대로 시너지가 폭발했다. 프로 축구 슈퍼매치를 주도하던 수원삼성 축구팀과 계약을 연장하고, FC서울까지 계약했다. 그리고 그 계약을 브랜드 마케팅과 곧바로 연결했다. 기존에는 10개 후원 계약을 하면 브랜드 마케팅 팀에서 3개만 활용했지만 이제는 적어도 7개의 계약을 브랜드 마케팅으로 끌어올 수 있었다. 이후 내 판단이 옳았다는 걸 모두 인정하게 됐다.

확신이 섰다면 적극적으로 문을 두드려라. 처음에 저항이 있을지라도 도전하고 증명하면 된다. 1년 후 나는 또 새로운 도전 앞에 섰다. 이번엔 회사 쪽에서 먼저 제안한 것이었다. 아시아태평양 브랜드 마케팅 총괄헤드 다렌이 한국에 와서 따로 면담을 요청했다. 다렌과 나는 비슷한 연배다.

"HK, 리테일 마케팅이 뭐라고 생각해?"

"매우 중요한 일이지. 캐나다에서 공부할 때 보니까 매장이 대단히 중요한 소비자 접점이더라고. 통일되어야 하는데 그게 어려워. 사실 우리나라도 들쑥날쑥해. 서울과 부산이 다르고, 또 도시 안에서도 지역마다 차이가 있지.”

“그래서 HK는 그 지점에 대해 어떻게 생각해?”

“개선이 필요해. 우리가 브랜드 마케팅을 열심히 하지만 광고만 보는 건 아니지. 매장에 들어오는 사람들이 직접 변화를 느끼고 새로움을 알아야 해. 결국 마지막 브랜드 접점에는 매장이 있는 거니까. 앞으로는 리테일 마케팅이 매우 중요해질 것 같아.”

“HK, 리테일 마케팅 맡아볼래?”

“뭐라고? 내가 정말 잘할 수 있다고 생각하는 거야?”

“물론. 지난 몇 년 동안 봐왔어. 내가 볼 때 HK는 해낼 수 있는 사람이야.”

해보겠다고 하자 다렌은 바로 사장실로 가서 리테일 마케팅 부서 헤드를 나에게 맡겼으면 한다는 이야기를 전했다. 그렇게 전격적으로 리테일 마케팅 헤드까지 맡게 되면서 나는 ‘부장부장부장’ 역할을 하게 됐다.

1인 3역, 부장부장부장

사실 무척 힘들고 고됐다. 절대 야근하지 않는 철칙을 가지고 있는 나에겐 시간 분배가 가장 큰 문제였다. 부서를 하나 더 맡을 때마다 적응하기까지 6개월이 걸렸다. 브랜드 마케팅 총괄에서 스포츠 마케팅을 하나 더 맡으면서 6개월, 리테일 마케팅을 덧붙이면서 또 6개월이 걸렸다.

경험이 없기 때문에 처음엔 헤맬 수밖에 없었다. 매니저 역할을 해야 하는데 때론 혼자 다 하려다 보니 과부하가 걸리기 일쑤였다. 이렇게 하다간 죽도 밥도 안 될 것 같아 내가 생각한 것이 멘토를 찾아다니며 코칭 받는 것이었다. 코칭 받는 한편 리더로서 해야 할 일을 다룬 책들을 닥치는 대로 읽으며 알게 됐다. 리더는 적재적소에 사람을 배치하는 일을 잘해야 한다는 것을 말이다.

쥐고만 있을 게 아니라 위임하고 조합하고 기회를 나누는 것이 리더라는 걸 그때 처음 체감했다. 임원 교육을 따로 받지 않은 상태에서 세 부서를 이끌어야 했던 내가 살아남을 수 있었던 건 소중한 멘토들의 코칭과 독서 덕분이었다. 당시 임원이라는 단어가 붙은 제목의 책은 모조리 사서 읽었다. 그리고 2007년 내 나이 43세 때 마케팅 이사라는 직함을 갖게 됐다. 아디다스 코리아 최연소 임원이 된 것이다.

여기까지가 변화에 맞서 과감한 선택을 하고, 본질에 대해 깊이 고민하며, 기회가 왔을 때 과감하게 도전해 임원의 자리에 가기까지의 과정이다.

지금도 내게 가장 중요한 것은 성취와 성장이다. 나는 항상 돈이나 명예가 아닌 내가 얼마나 성장하고 어떤 걸 성취할 수 있느냐에 초점을 맞춘다. 한 회사에 계속 적을 두고 있었지만 나는 그 안에서 나름의 성취를 얻었고 성장을 이뤘다. 그리고 그 안에서 계속해서 도전해 나갔다. 바꾼다는 건 불안하고 불편하지만 결국 새로운 기회를 안겨줬다. 변화를 감지하는 순간, 실행해야 한다. 커리어를 만드는데 타이밍은 매우 중요하다.

DNA를 송두리째 바꾸려면

모든 걸 접고 단지 영어 하나 배우겠다고 유학을 갔다는 것에 놀라는 사람들이 많을 것이다. 결과는 좋았지만 만에 하나 일이 잘 풀리지 않았다면 어떻게 됐을까? 지금도 겨우 영어를 배우려고 너무나 큰 리스크를 감수한 위험한 선택이었다는 이야기를 듣곤 한다.

그러나 내 생각은 다르다. 대변화, 즉 근본적인 핵심 역량을 새로이 설정하는 큰 축의 변화는 과감한 결단 없이는 힘들다. 몰입해야 하기 때문이다. 예를 들어, 영어 실력을 늘리려면 영어라는 비에 젖어야 한다. 영어라는 비에 푹 젖어서 의식적이 아니라 무의식적으로 말이 나오도록 해야 한다. 나는 이를 두고 DNA를 송두리째 바꾸는 경험이라고 말한다.

비단 개인뿐만 아니라 이런 방식은 기업의 성패를 좌우하기도 한다. 많은 기업들이 디지털 전환에 실패했다. 얼추 비슷하게 흉내 내긴 했지만 완벽한 전환을 이뤄낸 기업은 생각보다 많지 않다. 이유는 기존 것을 그대로 유지하면서 겉모습만 바꾸려 했기 때문이다. 원래의 업무가 우선순위를 차지하는 동안에는 영원히 제대로 변화할 수 없다. 눈앞의 불을 끄느라 바빠 새 집을 지을 시간도 여유도 생기지 않는 이치다.

아디다스 글로벌 컴퍼니에서는 2017~2018년 2년에 걸쳐 아시아 시장 통합 작업이 이뤄졌다. 아시아태평양 허브를 만드는 작업을 하면서 다시 한 번 세상이 요동치는 걸 감지했다. 오프라인 성장의 한계가 보였다. 세상은 디지털, 이커머스 시대였다. 맞춤형 데이터, 고도화된 고객 관리 프로그램이 필요한 시대였다. 대리점 수를 늘린다고 해결될 문제가 아니었다.

우리나라 시장도 쿠팡, 카카오, 무신사 같은 디지털 기반 플랫폼들이 장악해 나가고 있었다. 오프라인의 위기가 다가오는데 나는 위기를 극복해낼 준비가 되어 있나? 나에게 질문하는 시간들이 돌아왔다. 알아야 한다. 경영인을 꿈꾸는 사람이 이 시대를 살면서 이커머스, 빅데이터를 모르고 성공할 수는 없었다. 기술을 이해하고 새로운 게임을 준비해야겠다는 생각이 들었다.

아디다스 본사 근무를 제안받기도 했고, 전세계 10명뿐인 브랜드 디렉터로 문제없이 지내고 있었지만 그대로 있을 순 없다고 판단했다. 새 옷을 입기 위해선 입고 있던 옷을 벗어야만 한다. 나의 꿈은 여전히 최고경영자였다. 언젠가 맡게 될 직책에 대한 준비가 필요했다. 변화를 주도하고 문화를 새롭게 만드는 사람이 최고경영자 자격이 있다고 봤다. 그래서 다시 사표를 냈다.

사표를 내자 당시 사장이었던 에디 닉슨이 1년만 더 있어달라며 만류했다. 그러나 모든 것은 타이밍. 감사한 권유였지만 정중히 고사하고 서울대학교 공대 대학원에서 미래융합기술 공부를 시작했다. 덕분에 지금 제4차산업 관련 핵심 기술의 이해, 디지털 트랜스포메이션과 관련된 신지식과 다양한 접목 사례, 이커머스 파트, 데이터 관련 지식을 갖출 수 있게 되었다. 온라인과 오프라인의 하이브리드 채널 및 고객경험관리, 디지털미디어 커머스, 소셜미디어와 플랫폼을 위한 광고 콘텐츠 등 여러 가지 것들에 익숙해졌다.

대변혁의 시대에 적응해 성과를 낸다는 건 유전자 자체를 바꾸지 않고 불가능하다. 몰입의 시간이 반드시 필요하다.

마라도나와 베컴에게 배운 몰입의 중요성

스포츠 마케팅팀을 맡으면서 디에고 마라도나, 지네딘 지단, 데이비드 베컴, 메시 등 세계적인 선수들과 만날 수 있었다. 그

중에서 마라도나와 베컴과의 만남이 유난히 기억에 남는다. 많은 스포츠 선수들이 그렇겠지만 이 두 선수는 특히 목표한 일에 젖어 자신을 송두리째 바꾼 대표적인 인물들이다.

마라도나를 만난 건 1995년이었다. 국가 차원에서 2002년 월드컵 유치에 온 힘을 기울이던 때였다. 마라도나는 아르헨티나 대통령의 방한 일정에 맞춰 월드컵 유치 홍보전의 일환으로 우리나라를 방문했다. 그가 소속된 아르헨티나 명문 보카주니어스가 아르헨티나 대통령과 함께 초청된 것이다. 보카주니어스는 우리 대표팀과 친선 경기를 치렀고, 2 대 1로 아르헨티나가 승리했다.

마침 아디다스는 보카주니어스와 마라도나의 후원사였다. 운동화를 가져다달라는 요청에 로컬 담당이었던 내가 그를 만나러 직접 동대문 축구장으로 갔다. 가서 보니 축구 골대 대신 핸드볼 골대가 놓여 있었다. 슈팅의 정확도를 높이기 위해 일부러 축구 골대보다 좁은 핸드볼 골대를 이용한다고 했다. 세계적인 선수는 이렇게 훈련을 하는구나 싶었다.

내가 축구화를 건네자 마라도나는 끈을 느슨하게 풀어놓고 공을 차기 시작했다. 저러다가 신발이 날아갈 텐데 어쩌려고 저러는가 생각하며 훈련 모습을 지켜봤다. 신발끈이 풀릴 경우를 대비한 훈련이었는지 모르겠지만, 골을 넣는데 느슨한 신발은 아무 문제가 되지 않았다. 공을 몰고 가다가 골대를 의식하지 않고 슈팅해도 골대에 공이 거짓말처럼 빨려 들어갔다. 동물적인 감각이 저런 것인가, 경이롭고 신기해서 매니저에게 물었다.

"도대체 마라도나는 어떤 사람인가요?"

"발등이 우리 손바닥 같은 감각을 가지고 있는 사람이죠."

발등이 손바닥 같은 감각을 갖게 하려면 그만큼 몰입의 시간을 보냈어야 했을 것이다. 신발이 헐렁하든 꽉 조이든 어떤 상황에도 공이 발등에 딱 붙어 움직이도록 노력했을 시간. 그 시간이 있어 마라도나가 존재할 수 있었다.

배우처럼 수려한 외모도 한몫했지만 베컴이 세계적 인기를 끈 것은 그가 실력 있는 선수였기 때문이다. 그를 만난 건 2005년 무렵이었는데, 당시 베컴은 공황장애로 힘든 시간을 보내고 있었다. 그럼에도 그는 매일 2000번 슈팅한다고 했다. 골키퍼들이 베컴의 공을 막아낼 수 없는 이유는 그가 매우 정확하게 골대의 양쪽 모서리 상단 끝으로 공을 보내기 때문이다. 그 공간은 공의 방향을 알고 뛰어도 좀처럼 막아내기 힘든 사각지대다. 베컴은 컨디션이 좋건 나쁘건 그 누구도 자신의 공을 잡지 못하도록 매일 2000번씩 슈팅하며 감각을 길렀다. 역시 몰입한 것이다.

DNA를 바꾸고 싶다면, 바꿔야만 한다면 반드시 몰입해야 하고, 그것이 가능한 환경을 만들어야 한다. 갑작스러운 변화에 당황할 수도 있지만 장기적인 안목으로 보면 훨씬 영리한 선택이다.

나는 '모든 사람이 똑같은 재능을 가지고 있지 않다. 하지만 모든 사람에게는 재능을 발전시킬 똑같은 기회가 있다'는 말을 좋아한다. 누구도 경험하지 못했던 새로운 세상이 다가오는 중이다. 전통적인 성공 방식이 더 이상 통하지 않는 시대다. 열심히 성실하게 일하는 것만으로는 성공을 보장할 수 없다는 불신이 팽배한 시대다. 많은 사람들이 불확실성으로 인한 불안에 시달리는 시대다. 그러나 지금이야말로 새롭게 변신하기 좋은 때다.

혁신은 잘나갈 때 하는 것이다. 고요한 안정의 순간을 맞았더라도 안주하지 말고 선도적으로 준비하고 대비하고 행동하라. 미래를 보고 미리 준비하는 사람은 절대 패배자가 될 수 없다.

내가 만난 세계 정상급 스타 플레이어들의 공통점

- 철저한 연습으로 자신감 유지한다.
- 끈질김과 집요함으로 자기만의 전략, 전술 개발한다.
- 겸손함과 자기성찰로 슬럼프 극복한다.
- 약점을 보완하기에 앞서 강점에 집중한다.
- 경쟁을 통한 발전에 익숙하고 실패에서 배운다.

위대한 스타들이 공통적으로 건넨 조언

- 자기를 비하하면 위대해질 수 없다.
- 승리를 위한 승부 근성과 모든 것을 거는 경쟁심을 가져라.
- 멀리, 넓게, 정확히 보는 연습을 하라.
- 절대 포기하지 마라.
- 모든 일의 기본은 강한 내적 열망임을 잊지 마라.

끌리는 사람의 비밀

나에게도 위기가 없지 않았다. 퍼포먼스 브랜드 디렉터로 일하던 2011년 여름, 본사에서 청천벽력 같은 소식이 전해졌다. 각 나라마다 퍼포먼스와 오리지널스를 통합한다는 것이었다. 그렇게 되면 퍼포먼스, 오리지널스의 브랜드 디렉터 둘 중 한 명은 자리에서 물러나야 했다. 갑작스러운 통보였다. 세계적으로 유명한 헤드헌터 회사인 하이드릭 앤드 스트러글의 아시아태평양 사장이 각국을 돌면서 직접 인터뷰한다고 했다. 한 사람당 세 시간의 면접 시간이 주어질 테니 미리 준비해놓으라고 했다.

그때 아디다스 코리아의 오리지널스 담당 디렉터는 독일에서 파견된 임원이었다. 로컬 출신인 나와 배경 면에서 여러 가지 차이가 나는 인물이었다. 면접에는 사장도 관여할 수 없었다. 오직

외부 헤드헌터가 객관적으로 판단한 결과를 밀봉해 본사 보드 멤버에게 전달한다고 했다. 그것을 참고로 최종 평가한 뒤 발표할 예정이었다.

사람, 사람, 사람

두 달 후 있을 면접을 준비하라는 공지를 듣고, 처음엔 몹시 화가 났다. 얼마나 열심히 노력해서 올라온 자리인데 하루 아침에 물거품이 되어버릴지도 모른다는 사실에 충격이 밀려왔다. 나의 노고와 꿈과 희망이 모두 무너져버린 것 같은 기분이었다. 현실을 받아들이기 힘들었다. 내가 왜 또다시 면접을 보고 그 결과에 따라 배에서 내려질 운명과 맞닥뜨려야 하는 걸까? 이것이 내가 열심히 한 것에 대한 보답일까? 분노와 좌절이 밀려왔다.

예기치 못한 병을 선고받으면 대부분의 사람들이 처음에는 당황하며 혼란을 겪는다. 그러다가 왜 자신에게 그런 일이 생겼는지 분노하고 저항한다. 그리고 결국 인식하고 받아들이며 합의하는 과정을 거친다. 그 소식을 들은 2주 동안 내가 겪은 과정이 그랬다. 마치 큰 병을 선고받은 환자처럼 온갖 감정의 소용돌이에 휘말린 끝에 정신을 차리고 스스로와 합의를 했다. 일단 해보자. 정신을 차리고 방법을 생각하자. 두려워 말고 겁먹지 말고 안 될 때 안 되더라도 할 수 있는 최선을 다 하자. 내가 떨어질 거라고 생각하지 말고 붙겠다는 마음으로 준비를 하자. 지금 생각해도 아찔한 순간이었지만 돌아보니 다시 한 번 나를 바꿀 수 있었던 절호의 기회이기도 했다.

나는 당장 리더십 공부에 들어갔다. 퍼포먼스와 오리지널스 통합 디렉터는 좀 더 큰 조직의 리더가 되는 일이었다. 플레이어가 되어 어떻게 끌고 갈 것인가에 대한 고민이 필요했다. 그리고 회사가 원하는 임원, 사장이 원하는 임원에 대해 역지사지하기 위해 사장의 역할 등 사장에 대해 공부하기 시작했다. 사장의 입장에서 임원을 바라보니 지금처럼 해서는 만족스러운 결과를 얻지 못할 것 같았다. 틀을 바꾸지 않으면 죽을 수밖에 없다는 마음으로 관련 서적을 수십 권 탐독하고 코칭해줄 멘토들을 찾아다녔다. 전현직 사장들을 찾아가 당신이라면 누굴 선택하겠느냐, 아니 어떤 사람을 선택하느냐고 물었다. 그렇게 공부해서 내린 결론은 '리더십에는 정답이 없다'는 것이었다.

조금 허무한 결론 같지만 그게 정답이다. 상황에 맞는 리더십이 있을 뿐, 모든 상황에 맞는 리더십은 존재하지 않는다. 회사가 요구하는 게 개선이냐 변화냐 혁신이냐 안정이냐에 따라 리더십은 다르게 움직여야 한다. 다만 리더는 공통적으로 사람을 잘 키우고, 적절히 동기 부여를 하고, 상황을 예측하고 선택하고, 사람들을 매니지먼트하며, 성과를 내야 하는 극한 직업이다.

실제로 임원들을 만나 이야기를 들어보면 저마다 스트레스

해소법을 하나씩 가지고 있었다. 그런 완충 장치가 없으면 버티기 힘든 게 리더라는 자리의 무게다. 공부하고 연구하면서 임원이 되어 그 자리에서 일을 오래 하다 보면 내 몸이 망가질 수도 있겠다는 생각이 들었다. 제대로 된 임원의 역할을 알고 나니 오히려 마음이 편해졌다. 꼭 통합 브랜드 디렉터가 되지 않아도 괜찮다고 생각하게 됐다.

이런 깨달음을 얻은 뒤 지온 암스트롱 사장을 찾아갔다. 그는 누구보다 나를 아끼고 강력하게 지지해줬던 사람이다. 뉴질랜드 사람인 그는 물류창고 직원에서 매장 영업사원을 거쳐 아디다스 아시아태평양 리전의 스포츠 퍼포먼스 카테고리 전체를 관리하는 자리까지 오른 입지전적인 인물이다. 그는 정말로 스포츠를 좋아했고 스포츠 브랜드와 용품이라면 모르는 것이 없었다. 아시아 리전 오피스가 없어지면서 내가 퍼포먼스 브랜드 디렉터가 될 때 그는 리복 브랜드 디렉터로 한국에 왔다.

그를 처음 만났을 때를 기억한다. 처음엔 나를 괴롭힌다고 오해했다. 아침 일찍 출근해 반갑게 인사하면 그는 제품 이야기부터 했다. "요새 그 모델 중에 빨간색은 왜 안 팔리지?" "새로 런칭한 제품은 어떻게 됐어?" "가격은 괜찮은 것 같아?" "한국 사람들과 잘 맞는 소재라고 생각해?" 잘 알지도 못하는 제품에 대한 질문에 겨우겨우 대답하면서 왜 이런 걸 묻나, 마케팅에 대해 물으면 하루 종일 얘기할 수 있을 텐데 하는 불만이 들었다. 그

땐 그게 너무 스트레스였는데, 그가 나를 성장시키기 위해 집요하게 물었던 것이었음을 나중에야 알게 됐다.

여러 가지로 고마운 암스트롱 사장을 찾아가 내가 내린 결론을 허심탄회하게 툭 내뱉었다.

"내 상황 알고 계시죠? 누구도 예측하지 못한 상황이에요. 처음엔 나를 나무 위에 올려놓고 어떻게 되나 보자 구경하려는 것이라고 생각했어요. 그런데 이젠 그렇지 않아요. 마음을 비웠어요. 열 명의 리더를 만나고 관련 서적을 30권이나 읽은 뒤 성찰하고 반성하면서 내린 결론은 꼭 이게 아니라도 괜찮다는 거예요. 면접 기회가 오면 철저하게 준비하겠지만 떨어진다고 속상해하진 않을 거 같아요. 치열하게 준비한 것만으로도 큰 걸 얻었다고 생각하니까요. 이제야 내 꿈을 위해 진짜 준비해야 할 게 뭔지 알게 됐어요."

그 앞에서 큰 소리 쳤지만 하루에도 여러 번 가슴이 요동쳤다. 또 이렇게 스스로 벼랑 끝에 서는구나 하는 생각에 참담하기도 했다. 하지만 언제나처럼 최선을 다하고 미련을 두지 말자, 마음을 다독이며 면접을 봤고 담담하게 결과를 기다렸다. 결과는 합격이었다. 배에서 내리는 건 내가 아니었다.

그렇게 전 세계에 10명밖에 없는 아디다스의 통합 브랜드 디렉터가 된 뒤 나는 최선을 다해 한국 시장을 키워 나갔다. 몇 개 카테고리에서 나이키 매출을 앞지르기 시작했고 2013년에는 나이키 매출을 넘어서게 됐다. 모든 팀이 합심해서 얻어낸 위대한 결과였다. 2017년에는 국내 단일 브랜드로는 최초로 매출 1조 원을 넘어서는 성과를 달성했다. 암스트롱 사장은 한국에서의 엄청난 성과를 인정받아 미국지사 사장으로 영전되어 떠났다. 보스의 성공은 곧 나의 성공이었다.

당시 매년 연말이 되면 아디다스는 MD어워즈라는 행사를 진행한다. 사장이 직급을 망라해 최우수 사원을 지목해서 주는 상이다. 보통 실무급 직원들이 상을 받는다. 임원이 받더라도 여러 사람 중 하필 내가 받을 거라는 생각은 하지도 않아서 무대 아래서 열심히 사진을 찍어주고 있었다. 그런데 그해 수상자는 나였다. 얼떨떨한 채 무대에 올라갔는데 그날따라 갑자기 눈물이 쏟아졌다. 나를 괴롭힌다고 생각했던 사장이 마지막으로 선택한 사람이 나라니 감격스러웠다. 회사를 그만둬야 하나 고민하게 했던 유일한 사람이 도리어 나를 부단히 성장시켜준 셈이었다. 암스트롱이 항상 이야기하던 말, 제일 중요한 건 사람, 사람 또 사람이라는 말이 떠올랐다.

그때 깨달았다. 나도 누군가를 성장시키는 사람이 되어야겠다고, 인내심을 가지고 사람을 키우고 기회를 줘야겠다고, 그 무대에서 눈물을 흘리며 다짐했다. 이 일을 계기로 내가 깨달은 리더의 소양은 다음과 같다.

리더가 되기 위해 필요한 준비

- 진성치치(진정성, 성실함, 치열함, 치밀함)
- 분명한 성취 동기와 자기 비전
- 공동 목표를 이루기 위한 이기심과 이타심의 조화
- 미래에 대한 예습과 맥락지능
- 에너지 관리와 회복력
- 실력, 담력, 매력, 체력

그리고 위의 모든 것보다 가장 중요한 한 가지가 바로, '사람에 대한 예의와 사랑'이다.

다소 뜬금없는 감성적인 말처럼 보일 수도 있지만, 이타적인 면모는 미래 인재는 물론 리더로 살아남기 위해 매우 중요한 자질이다. 진정한 이기주의자는 이타적이라는 말이 있다. 이 말은 직장인에게도 100퍼센트 그대로 적용된다. 조직에서 남을 배려하는 이타적인 행동을 할수록 그 직원은 직장에서 성공하게 되어 있다. 오랫동안 조직 생활을 하면서 수많은 사례를 목격하고 얻은 결론이다. 수많은 리더들이 이타심을 보여주는데, 그 이유는 이타적인 사람들이 성공하기 때문이다.

성공한 리더들은 공통적으로 타인을 돕는 것에 즐거움을 느낀다. 그들은 고객에게 좋은 서비스를 제공하는 것에 보람을 느끼고, 다른 사람들을 기쁘게 해주려고 한다. 자신과 팀원들의 성취뿐 아니라 동료와 팀원의 사기도 중요하게 생각한다. 아직 일을 다 마치지 못한 동료를 돕고, 부서 이동 후 후임 직원에게 경험적 지식을 잘 전달하고 업무 수행을 도와주는 것도 기껍게 생각한다. 자발적으로 봉사에 참여하고 사회에 좋은 영향을 끼치는 삶을 살기 위해 노력한다.

주변에 긍정적인 영향력을 미치는 이들은 네크워크도 잘 구축한다. 동료들에게 다가가기 쉬운 친절한 사람으로 인식되며, 의사결정과 관련해 타인과 의견을 나누는데 거리낌이 없다. 그렇게 맺은 네트워크는 여러 의미에서 그 자신의 커리어를 좋은 방향으로 이끌어주는 요소가 된다.

리더의 6가지 소양

다시 반복해서 이야기하자면, 리더가 되기 위해 갖추어야 할 분명한 소양이 있다. 첫째, 자기 분야에 대한 깊이 있는 전문성이다. 직원들에게 영감을 주지 못하고, 정확한 방향을 지시하지 못하는 리더는 존경받기 어렵다. 때문에 리더는 자기 분야에 대한 깊이 있는 전문성과 연관된 부서에 대한 기본적인 이해력을 폭넓게 갖고 있어야 한다.

둘째, 창의적인 문제 해결 능력이다. 현재도 그렇지만 앞으로는 더더욱 해결하기 어려운 복잡한 문제들과 부딪히게 될 것이다. 모든 문제가 단독으로 단순하게 존재하는 게 아니라 서로 연결돼 복잡하게 존재하기 때문에 협력을 통해 문제를 해결하면서 조직원들의 신뢰를 얻어내야 한다. 그래야 영향력이 생겨난다.

셋째, 현재 하는 일과 미래에 발생할 일에 대한 고민을 동시에 해야 한다. 지금 하고 있는 일만 열심히 하는 건 실무자의 몫이다. 현재에 집중하는 것도 중요하지만 리더는 달라야 한다.

넷째, 네트워킹이다. 물리적, 시간적 한계로 한 사람이 모든 지식을 흡수하는 것은 불가능하다. 부족한 부분은 네트워킹을 통해 빌려 써야 한다. 현재 트렌드가 어떻고 지금 새롭게 부각되는 리스크가 어떻고 하는 정보 수집 능력도 필요하다. 리더가 되고 나서 네트워킹을 만들면 이미 늦다. 네트워킹은 하루라도 빨리 만드는 것이 좋다.

다섯째, 10~15년 차가 되었다면 최소한 부장이나 임원의 문턱을 바라볼 수 있는 위치다. 다만 어느 부서로 가게 될지는 아무도 모른다. 이때를 대비해서 미리 다양한 부서를 경험해야 한다. 예를 들어 상품 기획부나 영업부, 마케팅이나 고객 서비스 센터, 필요하면 해외 본사 근무나 현장 필드에 나가보는 경험을 두 세 가지 정도 해보면 전제적인 윤곽이 잡힌다. 흐름을 읽을 줄 아는 것은 어떤 상황에서나 큰 무기가 된다.

여섯째, 체력 관리다. 머리는 빌려 쓸 수 있어도 몸은 빌려 쓸 수 없다는 말이 있다. 리더가 되면 많은 일을 효과적으로 해내야 한다. 때문에 체력 관리를 통한 에너지 관리와 회복력이 중요하다. 내가 만나 본 리더들은 대부분 자기만의 노하우가 있었다. 자기만의 스트레스 해소법, 자기만의 철학 관리 등으로 내외면을 잘 가꾸어야 한다.

아디다스에 근무할 때 6명의 외국인 사장과 일했다. 그중 가장 인간적으로 대해준 사람이 누구냐고 물으면 딱 한 사람이 떠오른다. 앞에 소개한 지온 암스트롱이다. 그는 뉴질랜드 원주민 출신이다. 본사가 있는 독일도, 거대 시장 미국도 아닌 뉴질랜드 원주민 출신인 그가 아디다스 코리아 사장을 맡았다.

그의 이력은 매우 독특하다. 400미터 육상 허들 선수 출신인 그는 고등학교를 졸업한 후 아디다스에 입사했다. 첫 업무는 스포츠 용품 물류 창고에서 물건을 분류하는 일. 그리고 곧 스포츠 용품 판매사원이 됐다. 한국으로 치면 비정규직 매장 직원이었다. 그러다가 아디다스 정식 사원이 됐다. 워낙 스포츠 제품에 관심이 많았고, 운동선수 출신이라 상품의 기능에 대해서도 잘 알았던 덕분이었다. 그러나 그는 현실에 안주하지 않고 부족한 부분을 찾아 계속해 공부해 나갔다. 성실하고 진정성 있는 사람이다 보니 금방 본사의 눈에 들었다.

마침내 독일 본사 상품 개발 담당 파트에서 근무할 기회가 얻자 그의 리더십은 빛을 발하기 시작했다. 자기 일에 치열하고 치밀한 그의 모습을 보면서 본사 내부에서 그를 계속 주목하기 시작했다. 얼마 후 아시아를 관할하는 아시아태평양 스포츠 퍼포먼스 제품 헤드를 맡아 파견 나왔다. 파격적인 기회였다. 그 특유의 열정과 성실함은 계속됐고, 끊임없이 공부도 해 나갔다. 그리고 2009년 리복 코리아 지사장을 거쳐 2010년 아디다스 코리아 사장이 됐다.

그는 소위 말해 스스로 편견과 한계를 딛고 성공한 인물이다. 그가 늘 하던 얘기가 생각난다.

"더 나은 나를 위해서, 어제보다 나은 오늘, 오늘보다 나은 내일을 만들기 위해서 늘 끊임없이 항상 노력해야 한다는 것. 이것이 바로 나의 인생 철학이에요." 그러면서 그는 '사람, 사람, 사람People, People, People'을 강조했다.

지온 사장은 "사람만이 차별점을 만들어낼 수 있다People makes different"고 지속적으로 강조했다. 그러면서 협력과 파트너십의 중요성을 귀에 못이 박히도록 역설했다. 나는 그가 2013년 미국 지사장이 되어 한국을 떠날 때까지 주말을 제외하고 거의 매일 아침 그와 이야기를 나눴다. 그 시기 아디다스 코리아는 엄청난 성장을 이뤄냈다. 처음으로 나이키를 이기고 업계 1위가 되는 경험도 했다.

그가 전달하려는 메시지는 선명하다. '나는 유색인종이야. 나는 작은 섬나라 뉴질랜드 출신이야. 나는 번듯한 대학을 나오지 못했어' 같은 바꿀 수 없는 환경에 대한 불만으로 미래를 망쳐서는 안 된다는 것이다. '레이즈 더 바Raise the bar', 스스로 바를 올리고 기록을 부숴 나가면서 자신만의 신화를 만들어내려는 의지가 필요하다. 나는 지온 암스트롱이라는 리더를 통해 엄청난 영감을 받았다. 스펙이 중요한 게 아니라 열정과 태도가 있어야 성공할 수 있다는 것을 나의 리더를 통해 강렬하게 체득할 수 있었다.

박지성의 셀프 리더십, 손흥민의 오너십

앞에서 여러 번 디지털 혁신의 시대, 기술 대변혁의 시대, 상시 리스크의 시대에 변화를 향해 나아가야 한다고 주장했다. 꼭 이직하라는 이야기는 아니다. 다음 조건이 만족된다면 회사 내부에서 성장 기회를 잡을 수도 있다.

첫째, 회사 내부에서 나의 경력과 비전과 목표를 달성할 수 있는가.

둘째, 회사 경영진, 상사, 멘토에 대한 신뢰와 확신이 있는가.

셋째, 회사가 직원에 대한 배려가 있는가.

이 세 가지 조건을 살펴보았을 때 문제되지 않는다면 모든 것이 완전히 달라지는 변화를 꾀하기보다는 조직 안에서 자신이 바꾸어 나갈 수 있는 것들을 찾아보는 것도 방법이다. 지속적으로 다름을 진화시키고 나음을 증명해야 하는 건 꼭 대단한 변화의 소용돌이를 거쳐야 가능한 것은 아니다.

컴포트 존Comfort Zone을 벗어나는 정도의 노력만으로도 충분히 유의미한 성취를 이룰 수 있다. 컴포트 존은 뇌가 안주하려는 익숙한 패턴을 말한다. 회사에서 업무에 안주하고 싶을 때 새로운 자극을 주고 자신을 한계까지 밀어붙여보자. 어느 정도의 긴장감과 스트레스는 집중력을 키워준다. 사람은 한계에 도전할 때 자신의 능력을 최대한 발휘하게 된다.

1999년 코비 브라이언트와 함께 며칠 보낼 기회가 있었다. LA 레이커스 소속이었던 그는 아디다스의 초청으로 한국을 방문했다. 20년 세월이 지났지만 너무 독특한 경험이었기에 그날들이 지금도 잊히지 않는다.

그는 오자마자 연습장을 구해달라고 했다. 아디다스의 프로모션이었던 3대3 길거리 농구 행사에 참여해 한국 팬들과 인사를 나누고 사인회를 하는 2박 3일의 짧은 일정이었지만 그 시간 동안 그는 매일 아침 연습을 해야 한다고 했다.

"코비는 매일 일정 시간 연습을 합니다. 연습장을 알아봐주세요."

"비시즌이고 어떻게 보면 휴가나 마찬가지인데도 연습을 하나요?"

그의 매니저에게 물었더니 시즌 비시즌 상관없이 매일 연습한다고 했다. 역시 세계적인 선수는 아무나 되는 게 아니라는 생각이 들었다. 일단 연습장을 구해줬는데, 그가 한국 투어를 하고싶다는 바람을 전해왔다.

그래서 나는 코비와 함께 낮에는 연습을 하고 밤에는 렌트한 캐딜락을 타고 서울 곳곳을 다녔다. 캐딜락 안에서 코비에게 직접 물었다.

"낮에도 볼 게 많아요. 이왕 온 거 잠깐인데 좀 더 관광하면서 쉬는 게 좋지 않아요? 연습은 돌아가서 해도 되잖아요."

"저는 골 시도를 9000번 실패했어요. 게임도 300번이나 졌고요. 게임의 승부를 결정짓는 중요한 슛을 26번이나 놓쳤습니다. 쉴 수 없습니다. 성공은 꾸준한 연습이 필요한 게임입니다."

성공을 이뤘지만 최고의 위치를 유지할 수 있는 길은 연습뿐이라는 그의 말에 깊은 감명을 받았다.

코비는 한국 팬들을 만날 때마다 비슷한 이야기를 해주었다. 지금의 내가 있는 이유는 연습 덕분이다, 노력을 이기는 것은 없다, 라는 메시지였다. 3일 동안 내내 연습장에서 공을 튕기던 그가 생각난다. 이게 한계인가 싶을 때 나는 운동화가 부딪힐 때마다 나던 농구 연습장의 마찰음을 떠올린다. 연습이 최고의 자리를 지키는 유일한 방법이라는 코비의 말도 함께. 자꾸 하다 보면 무엇이든 분명히 극복할 수 있을 것이라는 믿음이 생긴다.

코비 브라이언트뿐만 아니라 스포츠 스타들은 자신을 경영하는 데 있어 귀재들이다. 그들은 자신의 기록을 깨기 위해 도전하고 또 도전한다. 이미 최고의 위치에 있는 선수들이 스스로와의 경쟁, 자신과의 싸움에서 이기기 위한 전략을 끊임없이 준비한다. 그래야 역사에 전무후무한 기록을 남길 수 있기 때문이다.

비즈니스 세상도 다르지 않다. 계속 새로운 것을 창조하려고 노력하다 보면 위기가 오더라도 기회로 바꿀 수 있다. 물론 이미 전략을 마련해놓았을 경우의 이야기다. 디지털 혁신의 시대, 기술 대변혁의 시대, 상시 리스크의 시대에 각자의 자리를 지켜줄 수 있는 안전한 '배'를 소개한다. 셀프 리더십Self-leadership, 오너십 Ownership, 파트너십Partnership, 기업가 정신을 뜻하는 안트러프러뉴어십Entrepreneurship이라 불리는 네 척의 배다.

셀프 리더십

셀프 리더십은 1년 차에서 5년 차까지 팀원에서 팀장으로 가는데 첫 번째로 중요한 자질이다. 1년 차에서 5년 차 사이에 해야 할 일이 있고 역할이 있다. 5년 차에서 10년 차 팀장과 부장들이 해야 할 역할과 일이 있다. 위치에 따라 각자의 할 일이 전부 다르다는 걸 회사는 안다. 그러니 우선 자기 자리에 맞는 사람이 되어야 한다.

처음 입사한 후 초반 3년 차까지는 개인이 실적을 내기 힘든 구조다. 아니, 실적을 낼 가능성이 낮다. 회사에서 원하는 것 역시 대단한 실적을 내는 신입 사원이 아니다. 적극적인 태도와 가능성 가득한 잠재력을 본다. 이 시기에는 눈빛과 행동으로 자신감을 드러내는 게 중요하다. 준비되어 있는 사람이 가진 자신감과 성장하고 싶은 사람의 빛나는 눈빛은 숨겨지지 않는다. 이를 준비하기 위해 필요한 것이 셀프 리더십이다. 스스로를 주도하면서 지속적으로 자신을 성장시키고 변화를 관리하는 자세는 입사 초년생들이 꼭 갖춰야 하는 자세다.

오너십

이렇게 중간중간 놓치지 않고 자신에 대한 성찰을 하다가 4년 차를 넘어서면서부터는 오너십을 키워야 한다. 오너십에서 꼭 필요한 건 미러링 스킬이다. 회사가 성장하는 만큼 내가 성장하고 있는지 과연 어떤 면에서 성장을 이뤘는지 수시로 살펴야 한다. 회사 이름 빼고, 직급이나 타이틀 빼고, 나의 이름 석 자로 세상에 나갔을 때 어떤 모습일지 객관적으로 알아두자. 스스로를 브랜딩해야 한다. 어느 회사의 누구이면서 단 하나의 누군가가 되어야 하는 이유다.

오너십, 즉 주인의식은 어디서 나올까? 우선 회사가 내 것이라는 생각이 있어야 한다. 일했으니 월급을 받아간다고 생각하면 어떤 주도적인 것도 나올 수 없다. 이 회사는 나의 것이 아니지만 나를 만드는 아주 중요한 배경이라고 생각하고 꾸준히 자신의 야망을 키워가야 한다. 야망이라는 단어가 부정적으로 느껴질 수도 있지만, 꼭 그렇게 생각할 필요는 없다. 야망이 있다는 건 꿈이 있다는 이야기다. 더 높이 오르고 싶다면 야망을 가져라. 없다면 지금 당장이라도 찾아라.

파트너십

팀장에서 임원으로 가는 길에 필요한 건 파트너십과 기업가정신이다. 팀장에서 임원으로 올라갔을 때 가장 크게 달라지는 것은 '관리'다. 팀원 시절에는 나의 목표와 꿈을 위해 갈고닦는 것으로 충분했지만 팀장 이후에는 팀원, 동료, 상사를 관리하는 스킬을 갖춰야 한다. 관리한다는 건 협업과 협력 능력을 높인다는 뜻이다. 경쟁을 위한 관리가 아니라 성공을 위한 현명한 관리를 해야 한다. 상사와 동료, 부하 직원과 협력해 그들의 성공을 도우면 견제와 제지 없이 순탄하게 성공을 손에 쥘 수 있다. 이견 없이 순리로 다가오는 것이다.

단순히 내 부서 안에서만 이루어지는 관리로는 부족하다. 외부 고객, 외부 파트너, 타 부서와의 협력 관계도 대단히 중요하다. "누군가를 사장으로 만들 수는 없지만 사장이 되지 못하게 할 수는 있다"는 말이 있다. 조직이라는 공간은 수많은 관계로 엮여 있기 때문에 적을 만드는 건 여러모로 좋지 않다. 관계 속에서 일하는 사람에게 서로의 도움은 불가피하다. 꿈은 혼자 잘한다고 이뤄지는 게 아니다. 주변에서 도와줘야 실현 가능하다. 동료, 상사, 부하 직원의 도움이 절실하다. 그래서 파트너십이 대단히 중요하다. 파트너십이 없으면 정말 험난한 길이 펼쳐질 수도 있다. 견제도 당하고 경쟁에 휘말리게 된다. 앞서 말했듯이 지금은 협력과 선의의 경쟁을 통해서 생존과 변화, 성장을 이끌어야 하는 코피티션Co-petition의 시대다. 시대의 흐름을 잘 이해할 필요가 있다.

안트러프러뉴어십

마지막으로 안트러프러뉴어십, 기업가 정신을 길러야 한다. 현재는 모호함과 불확실성의 시대다. 코로나 팬데믹을 거쳐오면서 우리는 어떤 일이 일어날지 아무도 모르는 세상에 살고 있음을 실감했다. 정답이 없는 시대다. 전략의 유효 기간이 너무나 짧아졌다. 세상에 새로운 걸 내놓아도 짧게는 석 달에서 길게 반년이면 똑같은 것들이 쏟아진다. 그러니 새로운 변화를 재빠르게 감지해내 자신만의 촉으로 주도해 나가야 한다. 새로운 기회를 개척하자. 여기에 필요한 것이 치열하게 부딪혀보고, 도전해보는 분투력이다. 그러기 위해 애자일Agile한 마인드와 일하는 방식을 갖춰야 한다. 방향이 안 맞으면 바로 방향을 바꿀 수 있는 민첩성과 결정했으면 바로 실행하는 속도감. 이렇게 각 시기와 세대에 맞는 리더의 자질을 탐구하고 실천하는 기업가 정신이 필요하다. 임원이라는 자리는 관리에서 한 발 더 나아가 조직의 생과 사를 움직이는 아주 중요한 위치다.

내가 만난 선수들 중에 박지성은 셀프 리더십의 귀재였고, 손흥민은 오너십이 출중했다.

박지성 선수를 만난 건 2001년이었다. 2002 한일 월드컵이 열리기 바로 한 해 전이었다. 아디다스는 박지성 선수를 후원하고 있었다. 화보를 찍기 위해 상암 경기장에서 만나기로 했다. 현장에 가보니 박지성 선수가 이미 몸을 풀고 있었다. 그가 몸을 푸는 동안 매니저와 벤치에 앉아 짧은 대화를 나눴다.

"참 열심히 하는 선수네요."

"그렇죠. 근데 저는 사실 좀 미안해요. 너무 알아서 잘해서 에이전트인 제가 딱히 해줄 게 없거든요."

"매니저님이 충분히 잘 보살펴주고 있는데 무슨 말씀을 하세요. 경기는 선수가 하는 거니까 어쩔 수 없죠."

"경기 이야기가 아니에요. 경기 이외의 것도 정말 꼼꼼하게 잘하는 선수예요. 경기가 끝나고 숙소에 오면 전력 공부, 전술 공부까지 스스로 마쳐요. 자기 관리도 스스로 주도적으로 하고 있고요."

"대단한 선수네요."

"정말 치열하게 살아요. 경기가 없는 날 저녁이면 식사를 하고 다시 운동장으로 가요. 끊임없이 연습하고 또 하죠."

차이는 그렇게 만들어지는 것이다. 2002년 월드컵 영웅이 되고 한국 최초의 프리미어리거가 된 그는 이런 말을 했다.

"누구보다 빠르지도 못했고 누구보다 크거나 강인하지도 않았다. 누구보다 능숙하게 볼을 다루지도 못했고 강한 킥을 쏘지도 못했다. 남들과 똑같이 해서는 살아남을 수 없었다. 내게 완벽주의는 불가피한 선택이었다. 언젠가는 그들도 한 번쯤 쉴 것이다. 그때 내가 쉬지 않고 나아간다면 차이가 조금이라도 줄어들 것이라고 생각했다."

자신을 잘 알고 셀프 리더십을 실현한 박지성은 세계적인 선수로 발돋움할 수 있었다. 스스로 초격차를 줄여나갔던 것이다.

프리미어 리그와 UEFA 챔피언스 리그 아시아 선수 역대 최다 득점자로 득점왕이 된 손흥민 선수는 오너십 강자다.

처음 손흥민 선수를 만난 건 축구 담당 스포츠 마케팅 헤드를 맡았을 때였다. 당시 그는 열아홉 살 청소년으로 스포츠 선수로 주목받기 전이었다. 박지성, 박주영, 이청용, 기성용 같은 선수들이 유럽 리그에서 활발히 활동하던 때, 그는 고등학교를 그만두고 독일 리그에 뛰어들었다. 어느 다큐멘터리 방송에서 손흥민 선수와 그의 아버지 이야기를 보고 그를 만나기 위해 수소문했다.

손흥민 선수를 만나기 전, 먼저 축구 전문 기자들과 방송 관계자들을 붙잡고 손흥민 선수를 후원하고 싶은데 비전이 있을지 물었다. 10명 중 7명이 무조건 후원하라고 했다. 손흥민 선수의 아버지 손웅정 씨가 축구 선수 출신으로, 야구 선수 최동원 선수의 아버지가 최동원 선수를 키웠듯 제대로 아들을 교육시켰다고 했다. 그 나이에 독일 리그에 간 것만 해도 놀라운 일이라고 했다. 독일 본사에 보고하니 본사에서도 흔쾌히 받아들였다. 당시 무명에 가까운 선수였지만 미래를 기대한 것이었다.

그렇게 쏘니(손흥민 선수 애칭)와 아디다스의 인연은 시작됐다. 후원을 시작할 무렵, 아버지 손웅정 씨를 만나 이야기할 기회가 있었다. 무척 겸손한 분이었다. 한 번도 드러내놓고 자랑하거나 배려 없는 행동을 하지 않았다. 그런 아버지의 가르침은 아들에게 큰 영향을 줬다. 손흥민 선수는 아디다스 본사 직원들과의 자리에서나 용산 아이파크 풋볼 베이스장에서 열린 팬 미팅에서 이런 이야기를 했다.

"제 인생에 공짜로 얻은 것은 하나도 없습니다."

213

슈팅, 컨디션 유지, 부상까지 그냥 얻어진 건 없다고 했다. 모든 게 원인 있는 결과였고, 노력의 결실이라고 했다. 환희의 순간에 노력은 슬며시 모습이 가려지지만, 자신은 치열하고 또 치열하게 축구를 했다고 강조했다.

자기 인생의 주인은 자신이라는 걸 알고 오너십을 가지고 스스로의 삶을 경영해 나간 것이다. 경쟁에서 살아남기 위해 치열하고 치밀하게 노력한 것이다. 그는 특별한 날이 아니면 외출하지 않는다고 했다. 컨디션을 유지하기 위해서다. 아직도 아침 일찍 같은 시간에 일어나 식사하고 돌아서서 연습하는 일정을 정확하게 지키고 있다. 축구의 기본기인 슈팅과 리프팅 연습을 여전히 빼놓지 않고 한다. 기본기가 무너지는 건 총알 없는 총을 들고 경기에 임하는 것과 같다는 걸 그는 안다.

"저는 어제 값을 치른 대가를 오늘 받고, 내일 받을 대가를 위해 오늘 먼저 값을 치른다고 생각합니다. 그래서 내일 값을 치르지 않기 위해 오늘 자제하고 훈련하고 있어요"

MZ세대는 이런 손흥민 선수에게 열광하고 있다. 그는 아픈 청춘들의 희망이며, 노력으로 공정하게 얻어낸 성공의 아이콘이다. 청년들은 그에게 긍정적 영향을 받고 위안을 얻는다. 자신이 세운 원칙을 고수하는 그를 진정한 영웅이라고 생각한다.

그는 본인보다 팀을 먼저 생각하는 것으로도 유명하다. EPL 득점왕으로 우뚝 섰던 게임에서 우리 모두는 이 사실을 확인할 수 있었다. 그의 동료들이 손흥민의 골을 위해 헌신하고, 그가 골을 넣자 함께 기뻐하는 장면은 그 자체로 감동이었다. 손흥민 선수가 아시안 최초로 EPL 득점왕이 됐을 때 영국의 언론지 〈데일리 메일〉은 손흥민을 "이타적인 월드클래스 선수"라고 표현했다. 메시, 호나우두 등 대단한 선수들에게 여러 수식어가 붙었지만 '이타적인 월드클래스 선수'라는 표현은 한 번도 나오지 않았다. 영국의 대중지 〈더 선〉은 그를 "너무 겸손해서 손해 보는 선수"라고 했다. 우리는 이를 눈여겨볼 필요가 있다. 그가 득점왕이 될 수 있었던 건 물론 뛰어난 실력이 있어서였지만, 동료들이 잘 협조해준 덕도 있다. 동료들이 그에게 적극 협조했던 건 겸손하고 이타적인 그의 마음 때문이었을 것이다. 자신의 실력만 믿고 거들먹거리거나 이기주의적인 행동을 했다면 과연 최상의 결과를 낼 수 있었을까?

스포츠 마케팅 헤드 디렉터로 일할 때, 계약의 제1원칙은 해당 선수의 인성과 셀프 리더십이었다. 타고난 기량도 중요하고 성실성도 갖춰야 하지만 오랫동안 선수 생활을 끌고 가려면 인내심과 자기 주도력, 이를 유지하는 끈기가 좋아야 하기 때문이다.

인성을 갖췄다는 건 자기 관리가 가능하다는 이야기이기도 하다. 조직 생활에도 이는 똑같이 적용된다. 팀의 성과를 위해선 무엇보다 조화가 중요하다. 조화로운 팀을 이루기 위해선 각각의 개인이 이타적 정신을 가져야 한다. 박지성 선수도 손흥민 선수와 비슷한 말을 했다. "누가 주목하지 않아도 팀과 나 자신을 상승시키는 힘 있는 선수가 되고 싶다."

안트러프러뉴어십은 길을 찾는 능력이다

정답 없는 시대다. 혼자만의 힘으로는 이룰 수 있는 일이 거의 없다. 시대 이야기가 나왔으니 안트러프러뉴어십, 즉 기업가 정신에 대해서도 부연설명하겠다. 지금은 누가 정답을 줄 수도 없고, 방향성을 제시할 수도 없는 시대다. 비대칭 정보의 시대, 세상을 바꾸는 일이 언제 어디서 어떤 식으로 일어날지 예측할 수 없는 시대다. 모든 게 급속히 바뀌어가는데, 그 변화를 주도적으로 끌고 가는 어떤 정해진 방향이 있는 것도 아니다. 시계가 제로에 멈춘 것처럼 한 치 앞도 알 수 없는 상황이다.

이 모호한 가운데서도 우리는 길을 찾아야 한다. 이대로 주저앉아 변해가는 세상을 구경만 할 수는 없는 노릇이다. 그래서 개개인이 안트러프러뉴어십을 가지고 있어야 한다. "나는 스타트업을 해본 적도 없고, 할 생각도 없는데요?"라고 반문할 수도 있다. 하지만 안트러프러뉴어십은 꼭 창업을 해서 자신이 오너가 되어야만 가질 수 있는 소양이 아니다.

쉽게 말해, 안트러프러뉴어십이란 정답 없는 모호함 속에서 길을 찾아가는 능력이다. 여기에 필요한 정신은 도전과 시도, 재시도밖에 없다. 그런데 우리는 이에 대한 훈련이 되어 있지 않다. 학교에서 원하는 대로 정답을 찾아 제출하는 것에 익숙하다. 그러니 자꾸 훈련을 해야 한다.

글로벌 기업 구글은 새로운 것을 만들어내는 기업으로 각인되어 있다. 구글은 내부적으로 네 가지 사항을 강조한다. 첫째, 문제 해결 능력과 훈련이다. 둘째, 협업 능력이다. 셋째, 행동하는 열정과 배움에 대한 겸손이다. 마지막으로 모호한 상황에서 쓰이는 길을 찾는 능력이다. 이 네 가지를 강조하면서 '항상 새로운 고민을 하지 않으면 구글러가 아니다'라는 생각을 가지고 일하도록 한다. 현재 자신이 맡고 있는 80% 외에 20%는 새로운 것을 찾아내라는 것이다.

임원이나 사장뿐 아니라 모든 직원들에게 해당되는 이야기다. 임원 정도는 되어야 미래를 고민할 일이 생긴다는 생각은 버려라. 처음부터 안트러프러뉴어십을 가지고 스스로를 훈련하면서 일해야 임원이 되어서도 제대로 방향을 찾아 나갈 수 있다.

메타나 구글 외에 아마존, IBM 등 유수의 기업들에서도 조직원 하나하나가 안트러프러뉴어십으로 무장하고 모호함 속에서 길을 찾기 위해 노력하고 있다. 끊임없는 도전과 실패는 혁신의 비결이며 안트러프러뉴어십의 비결이다.

앞서 말했듯 우리나라는 상대적으로 이 같은 훈련이 덜 되어 있는 편이다. 새로운 길을 찾아나가겠다는 의지로 계속 새로운 방식을 추구해야 한다. 포용력을 가지고 다양한 곳으로 시선을 돌릴 필요가 있다. 이와 관련, '뉴 웨이 오브 워킹New way of working'이 안트러프러뉴어십의 기초로 새롭게 떠오르고 있다. 어떻게 새롭게 일할 것인가? 일하는 방식의 변화에 대해 많이 이야기해야 한다.

예를 들어 이런 것이다. 만약 오늘 외부에서 어떤 정보를 얻었다고 치자. 그러면 관련된 정보를 수집한다. 새로운 정보가 등장했다는 것은 어제 알고 있던 것이 과거의 지식이 되었다는 의미다. 때문에 새로운 것들을 충분히 숙지할 수 있도록 정보를 모아야 한다. 그런 뒤 기존에 알고 있던 지식과 새로운 지식을 섞는다. 그렇게 탄생한 지식을 회사 내외부적으로 어떻게 접목시킬 것인지 생각한다. 그 지식들을 이렇게도 붙이고 저렇게도 붙여보는 것이다. 여러 시도를 하면서 가능성을 타진하고 수정하고 바꿔 나가는 것. 코로나 이후 많이 보이고 있는 피보팅 pivoting(트렌드나 바이러스 등 급속도로 변하는 외부 환경에 따라 기존 사업 아이템을 바탕으로 사업의 방향을 다른 쪽으로 전환하는 것)을 실천하는 것에 다름아니다.

관점을 바꾸면 길이 보인다

2005년 무렵의 이야기다. 아디다스는 동종업체 나이키의 아성을 좀처럼 무너뜨리지 못하고 있었다. 당시 나이키는 농구와 대한축구협회 후원사였고, 아디다스는 러닝에 집중했다. 나이키를 넘어서기 위해 부단히 애썼지만 이상하게 조금씩 모자란 부분이 있었다.

나이키를 넘어서기 위해 이렇게 열심히 하는데 왜 되지 않을까? 처음부터 다시 생각하기 시작했다. 생각해보니 우리는 나이키의 뒤만 쫓고 있었다. 따라잡아야 한다는 강박 때문에 같은 트랙 안에서 선두로 달리는 선수의 뒷모습만 바라보며 힘차게 뛰고 있었던 것이다. 아무리 뛰어도 그만큼 앞서 나가는 선수를 따라잡는 건 이변이 없는 한 무리였다. 우리가 해야 할 건 아예 다른 트랙을 만들어 달리는 일이라는 걸 깨달았다. 더 이상 나이키가 만들어놓은 룰에 따라가서는 안 되겠다는 생각이 들었다.

그렇게 고개를 돌려 보니 우리에겐 퍼포먼스 외에 오리지널스라는 카테고리가 있었다. 2005년은 2002 한일 월드컵을 계기로 전국민이 축구 이야기를 하고, 축구 선수들의 이름을 외우는 분위기였다. 운동을 어색해하던 사람들도 축구 유니폼을 거부감 없이 받아들였다. 이후 3년이 지났는데도 붉은 악마 유니폼이 거리에서 종종 보였다. '운동복을 생활복으로도 입을 수 있겠다!'는 생각이 스쳤다.

정해진 답은 없다

오리지널스는 아디다스의 스트릿 스포츠웨어 라이프 스타일 카테고리다. 그래! 이걸 띄워보자. 당장 매장에 가서 직원과 인터뷰했다. 판매 사원들의 의견을 들어보니 가능성이 있었다. 당장 새로운 트랙을 만들었다. 오리지널스 라인을 패션 브랜드와 접목한 것이다. 유명인사들에게 오리지널스 로고가 박힌 옷을 입히고, 패션 모델을 모델로 기용했다. 스포츠 선수가 아닌 연예인을 후원하고 그들이 아디다스 옷을 입고 파티를 열게 했다. 업계 사람들은 아디다스가 드디어 미쳤다고 이야기했다. 스포츠 브랜드가 연예인을 후원한다고? 파티를 연다고? 비아냥대는 이야기를 숱하게 들었다. 그러나 우리만의 판을 만들고 나서 아디다스는 대성공을 거뒀다. 매출의 40퍼센트가 오리지널스에서 나왔다. 전세계 10위 내의 판매 실적을 올리고 나이키를 그야말로 뛰어넘었다.

이렇게 할 수 있었던 건 최일선에 있는 사람들의 의견을 수용한 덕분이었다. 현장 직원들과의 인터뷰가 큰 도움이 됐다. 그 전에도 그랬지만 이후로 현장에 더 자주 나가게 됐다. 고객의 니즈가 실시간으로 드러나는 현장이야말로 아이디어의 보고이기 때문이다.

우리나라에서 열린 평창 동계올림픽을 기억할 것이다. 우리나라는 전통적으로 스피드 스케이트, 쇼트 트랙 등 빙상 스포츠가 강세다. 그런데 평창 올림픽에서 국민들이 열광한 예상치 못한 종목이 사람들의 주목을 받았다. 바로 스켈레톤과 봅슬레이였다.

평창 동계올림픽은 우리나라에서 최초로 개최한 동계올림픽이자 아시아에서 세 번째로 열린 동계올림픽으로, 서울 올림픽 이후 30년 만에 우리나라에서 개최된 올림픽이었다. 당연히 스포츠 기업들에 좋은 마케팅 기회였다. 아디다스도 다르지 않았다.

어느 종목에 투자해야 마케팅 효과를 극대화할 수 있을까? 동계 스포츠 종목 중 가장 인기가 높은 빙상은 이미 나이키가 꽉 잡고 있었다. 그래서 비인기 종목으로 눈을 돌렸다. 그때 발견한 것이 루지, 스켈레톤, 봅슬레이였다. 동계 썰매 종목의 개척자이자 감독인 강광배 감독을 만나 상황을 살펴봤다.

"저희는 후원받는 곳이 없습니다. 다 사서 쓰고 있죠. 아디다스 상품은 비싸서 못 입어요."

상황을 듣고 나는 글로벌 본사에 의견을 냈다. "썰매 종목을 후원하고 싶습니다." 본사에서 긍정적인 답변을 보내왔다.

"메달을 따진 못하겠지만 그래도 후원은 해봅시다." 메달에 대한 기대가 없었지만 그동안 나에 대한 신뢰가 쌓였고 한국에서 열리는 올림픽이니만큼 의미가 있겠다고 판단한 것이다. 그렇게 아무런 기대 없이 후원한 스켈레톤과 봅슬레이에서 우리나라는 물론 아시아 최초로 썰매 종목 금메달을 거머쥐었다. 이는 큰 이슈가 됐고, 국민 모두의 관심을 받았다. 그 일로 나는 한 번 더 안목을 인정받았다.

이후 나는 비인기 종목의 가능성에 눈을 뜨게 됐다. 문득 그런 생각이 들었다. 핸드볼, 펜싱, 역도, 태권도, 유도에서 많은 메달을 따지만 정작 이 종목을 후원하는 스포츠 브랜드는 없다. 나는 이거라는 생각이 들었다.

그즈음 나이키는 축구에 거의 올인하고 있었다. 당시 대한축구협회에 나이키가 지원하는 금액은 160억 원에 달했다. 그런데 비인기 종목들을 전부 후원해도 나이키가 대한축구협회에 지원하는 금액의 10분의 1도 들지 않을 것 같았다. 다 하자. 다 해도 되겠다 싶었다.

당장 연맹을 돌며 대표팀과 계약을 했다. 이후 2008년 베이징 올림픽, 2012년 런던 올림픽, 2016년 리우 올림픽에 이르기까지 비인기 종목 후원이 계속됐다. 한국은 종합 5, 7, 8위 성적을 냈는데 메달의 70퍼센트가 아디다스가 후원하는 종목에서 나왔다. 굳이 따지면 나이키는 축구라는 종목 하나인데, 우리가 후원하는 종목들은 체급별로 경기가 계속 화면에 나왔다. 전 세계가 보는 스포츠 행사에 아디다스 상품을 착용한 선수들이 계속 등장했다. 글로벌 본사는 나의 선택에 박수를 보내줬다. 적은 예산으로 최상의 효과를 냈기 때문이다

현장을 챙겨라

마케터에게는 아이디어와 생각, 계획과 실행 두 가지가 모두 중요하다. 아이디어는 미리 생각해둬야 전략을 짤 수 있다. 전략은 현장에서 바로 써먹어야 하기 때문에 미리 생각해둬야 한다. 어떻게 하면 주어진 여건을 뒤집고 다르게 해볼 수 있을까, 평소에도 고민해야 한다. 치열하게 생각하면 새로운 것이 나오고, 결국 창의적인 결과를 얻을 수 있다.

나이키는 아디다스의 영원한 라이벌이다. 예나 지금이나 마

찬가지다. 나이키가 대한축구협회에 예산을 전부 쏟느라 여력이 없는 틈을 타 나이키의 또 다른 주요 종목인 테니스, 러닝, 농구 시장에도 진입했다. 또 앞에 소개한 마이런 행사 등을 통해 나이키의 오랜 텃밭인 부산에서도 매출이 앞서는 쾌거를 이루기도 했다. 국내 청소년들을 열광케 했던 댄싱9, 언프리티 랩스타, 쇼미더머니, 고등래퍼 등의 프로그램에 등장하는 래퍼들에게 아디다스 오리지널스 제품들을 착장시키면서 수년 동안 밀리언셀러 히트 상품을 팔 수 있었다. 역시 차이를 만드는 발견이란 다른 사람과 같은 것을 보더라도 남들과 다르게 생각하는 것이 아닐까? 그것이 차이를 만들어낼 수 있는 안목이라고 생각한다.

1989년 아디다스에 입사해 8번의 월드컵과 6번의 올림픽 캠페인을 치르는 동안 한 번도 경쟁자가 하는 대로 따라한 적이 없다. 대신 내가 먼저 판을 만들었다. 그 결과, 아디다스는 2013년 국내 스포츠 브랜드 시장점유율 1위, 2017년 최초 매출 1조 원 기록을 달성할 수 있었다.

나는 적어도 일주일에 한 번 정도는 주요 상권을 돌아봤다. 현장은 인사이트와 아웃사이트 두 가지 모두를 얻을 수 있는 소중한 공간이다. 직원들과 대화를 나누고 판매 자료와 내부 데이터를 비교해보면 실제 고객들의 반응과 패턴을 읽어낼 수 있다. 현장에서 보고 듣고 관찰한 것들은 살아 있는 데이터로 내부 기획에 큰 도움이 된다.

내근직 사원들의 업무는 주로 사무실에서 이루어지기 때문에 현장에 나가지 않게 되는데, 일부러라도 꼭 나가길 권한다. 진짜 상품이 오고 가는 곳에서 본질적인 해답을 찾고 문제를 해결할 수 있기 때문이다. 임원 회의를 하다 보면 현장을 말하는 사람이 결국 이기는 것을 보게 된다.

예를 들어보자. 내부 미팅에서 신제품의 소비자가를 10만 원에 책정하려고 한다. 그런데 영업부 직원들이 비싸면 팔리지 않는다며 가격을 싸게 매기자고 한다. 잘 팔려야 판매율이 올라가고, 그래야 영업부에 이익일 것이다. 안에서 듣기만 하면 영업부의 이야기가 맞는 것 같다. 가격 면에서 경쟁력이 있어야 물건이 팔린다는 말은 설득력이 있다. 그런데 실제 소비자와 만나는 매장에 가서 물으면 전혀 다른 답이 나오기도 한다. 소비자는 디자인이 확실하게 좋으면 가격을 보지 않는다는 답을 듣는다. 그렇다면 굳이 가격을 낮게 책정하지 않아도 되지 않을까? 영업팀과 상충되는 의견이다. 이럴 때 어느 쪽을 선택하겠는가? 보이지 않는 가설이 아닌 실제 반응에 한 표를 줄 것이다. 자주 보고 관찰하면 시장을 보는 눈이 길러진다.

일은 왜 하는가? 성장하기 위해서다. 자리가 중요한 게 아니다. 조직의 수장이 된다고 끝나는 게 아니다. 그 자리에서도 끊임없이 성장해야 한다. 중요한 것은 어떻게 하면 스스로 주도적으로 커리어를 끌고 나갈지 고민해야 한다는 것이다.

225

성공적인 성과 관리를 위한 팁

1단계. 일에 대한 철학과 의미를 스스로 재정립한다.

2단계. 회사, 사업부, 부서, 팀, 나의 성과 목표를 제대로 이해한다.

3단계. 목표 달성 가능성을 올리기 위해 반드시 잘 협업하는 법을 익힌다.

4단계. 업무 추진 계획과 진행 과정을 점검하는 자기만의 '스코어 대시보드'를 만든다.

5단계. 필요하면 비즈니스 코칭과 멘토링을 적극적으로 요청한다.

6단계. 성과 피드백을 통해 배우고 개선하려는 노력을 기울인다.

7단계. 업무 스킬 이외에 셀프 리더십, 대인관계 기술 등 다양한 역량을 개발한다.

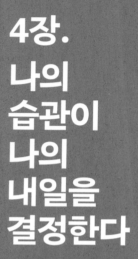

4장.
나의
습관이
나의
내일을
결정한다

Strength comes
from
endless Routine

5년 후 당신을 바꿔놓을
작은 습관들

Intro

포스트 코로나 시대가 왔다. 그러나 코로나 이전으로 돌아가긴 힘들어 보인다. 코로나는 산업의 발전이 가져온 기후변화가 불러온 재앙이라는 분석이 많다. 만약 그 가설이 맞는다면 앞으로 우리는 두 번째, 세 번째 팬데믹을 겪게 될지도 모른다. 과거의 기출문제를 풀어서는 더 이상 해결할 수 없는 문제들이 닥쳐올 것이다. 아니, 문제 유형이 완전히 달라졌다. 사지선다 객관식에서 창의력과 응용력이 요구되는 서술형으로 바뀌었다. 정해진 답을 맞히기 위한 노력이 좋은 결과를 가져오지 못하는 시대가 됐다는 것을 받아들여야 한다.

기업도 사장도 임원도 기존 패러다임의 많은 부분이 수정될 것이다. 인사 관리 또한 정해진 매뉴얼에 따라 진행되지 않을 것이다. 자고 일어나면 새로운 기술이 등장하는 세상에서 인사 또한 분명히 다르게 관리되고 적용될 것임을 알아야 한다.

변화는 갑작스럽게 찾아온다. 다행인 건 누구에게나 조건이 같다는 것이다. 외부 환경의 변화는 어느 개인에게만 특정하게 일어나지 않는다. 비는 공평하게 쏟아진다. 그러나 폭우를 대비해 지붕을 만들어두었느냐, 겨우 우산을 들고 있느냐, 아니면 아무것도 없이 벌판에 서 있느냐에 따라 미래가 달라진다.

당신은 과연 어느 쪽이고 싶은가? 어느 꽃이나 피는 시기는 제각각이지만 세상에 나오기 위해 땅 아래서 움트는 노력을 기울이는 것은 비슷하다. 겨울에 피어나는 동백은 여름, 가을 동안 충분히 자양분을 모아둔다. 여름에 피는 꽃들은 겨우내 언 땅 아래서 싹을 키워 나간다. 누구에게나 계절이 있다. 화사한 봄, 뜨거운 여름, 열매 맺는 가을, 휴식할 수 있는 겨울. 나의 봄이, 여름이 언제 올지 모를 일이다. 개인마다 다른 속도로 흘러갈 것이다. 긴장할 필요 없다. 천천히 준비해 나가면 된다. 정답 없는 세상에서 나만의 방식으로 구덩이를 넓고 깊게 파놓으면 아름다운 꽃을 품은 씨앗이 자연스럽게 떨어질 것이다.

서술형 답안지를 어떻게 채워야 할까? 포스트 코로나 시대, 가장 먼저 그것을 고민해야 한다.

내 인생을 바꿔놓은 루틴

나는 같은 브랜드의 펜만 쓴다. 그 펜이 없으면 불안할 정도다. 디자인이 수려한 명품 펜을 좋아하나 보다 생각할 수도 있지만 전혀 아니다. 내가 제일 좋아하는 펜은 막힘없이 부드럽게 물 흐르듯 써지는 '펜텔 에너젤'이라는 펜이다. 메모를 해가며 정리할 일이 많은 내게 쓰는데 에너지가 들어가는 무거운 펜은 함량 미달 제품이나 마찬가지다. 무조건 잘 써지는 펜. 한번에 스르륵 나아가는 펜이라야 한다.

회사 연말 파티에서 나는 직원들이 즐겨 흉내 내는 1순위 임원이었다. 언제나 바쁘게 뛰어다니는 걸음걸이며, 인사와 동시에 지나쳐버리는 행동까지 유별난 구석이 있는 나를 좀 과장해서 따라 했다. 그 모습을 보면 내가 저렇게까지 급한 모습이었나

231

생각하면서 함께 웃곤 했다. 나는 그만큼 회사에서 정신 없이 바쁜 사람으로 유명했다. 사실, 실제로 늘 바빴다. 펜이 머뭇거리는 것도 못 참았으니 알 만하지 않나. 양치하는 시간도 아까워서 팔을 빨리 움직였다. 다른 사람들의 양치와 나의 양치는 템포가 다를 정도였다. 다른 사람들이 8분의 6박자로 움직인다면 나는 4분의 4박자 '아주 빠르게'로 내달렸다.

잠깐 시간이 나면 이 부서 저 부서를 쓱 지나다니며 동향을 살피고 동료들과 눈을 마주치려 애썼다. 조직 안에서 서로 교감하는 시간은 매우 중요한데 일부러 그런 기회를 만들기는 쉽지 않다. 굳이 만들려면 필요 이상 시간을 써야 하는 어려움이 있다. 나는 조금씩 스며들며 친밀감을 유지하는 쪽을 택했다. 짬이 날 때마다, 얼굴을 마주칠 때마다 안부를 묻고 이야기를 나눴다.

직장인에게, 특히 지금 이 시대의 일하는 사람들에게 효율적인 시간 관리는 매우 중요한 스킬이다. 인간은 본질적으로 지루한 것을 견디지 못한다. 일을 하다가 지루하다고 생각해 조금 느슨해지면 뒤에 잡혀 있는 일들이 미뤄지면서 계획이 뒤죽박죽 엉켜버린다. 해야 할 일을 일부러 미루는 사람은 없다. 어떤 문제가 있어서가 아니라 인간은 더 나은 일을 하려는 의지가 강하기 때문이다. 탐험하고 배우려는 열망이 강하기 때문에 지루하다고 생각되면 좀처럼 능률이 오르지 않는다.

뇌과학자 자크 파크셉은 "탐색 시스템이 활성화되지 않을 때,

인간의 열정은 끝없는 불만족의 겨울 속에 갇힌다"고 말했다. 20세기 조직은 대부분 주어진 일만 하면 됐다. 그것이 합리적이라고 여겼다. 그러나 지금의 조직은 다르다. 고정된 시스템이 아니라 유기적으로 변화하는 기술과 시스템을 갖춰야 한다.

이를 위해선 조직의 열린 문화와 개인의 유연한 시간 관리가 필요하다. 조직 문화의 변화는 당장 이룰 수 없지만 개인의 시간 관리는 지금 당장이라도 얼마든지 바꿀 수 있다. 시간을 잘 관리해서 유용하게 쓰는 것은 여러 가지 면에서 유리하다. 계획을 세울 수 있고, 그렇게 세운 계획을 바탕으로 일을 잘 해결할 수 있다. 시간 관리를 위해 가장 필요한 것은 자칫 갈등을 빚을 수 있는 여러 사안을 조화롭게 다루는 것과 관계를 잘 관리하고 유지하는 것이다. 시간은 우리가 가진 자원 중 가장 중요한 것임을 잊어서는 안 된다.

'고수'의 시간관리법

나는 하루를 넷으로 나눠 활용한다. 출근 전, 오전, 오후, 퇴근 후 시간으로 나눈다. 점심식사와 저녁식사 시간을 활용해 고객과 동료, 선후배와 시간을 갖는다. 물론 가족들과의 식사 시간도 중요하다. 일주일에 세 번은 무조건 가족들과 함께 저녁 식사를 한다. 일도 중요하지만 인생에 있어 가정도 그에 못지않게 소중

평일 · 주말 시간 분리 예

평일	출근 전	오전	오후	퇴근 후
주말	토요일 오전	토요일 오후	일요일 오전	일요일 오후

하다는 걸 절대 잊어서는 안 된다.

내가 신경 쓰는 부분은 단지 회사 안에서의 시간만이 아니다. 퇴근 후의 시간, 주말의 시간도 관리 대상에 포함된다. 주말이라고 계획 없이 시간을 흘려 보내는 일은 절대 없다. 토요일 오전, 오후, 일요일 오전, 오후로 나눠 관계, 휴식, 에너지 충전, 운동, 취미 생활들을 안배한다.

이런 시간 관리는 나만의 습관이 되어 조직 생활을 하는 내내, 그리고 지금까지도 큰 도움이 되고 있다. 나의 가장 소중한 자원인 시간을 어떻게 적절하게 사용했는지 소개한다.

시간 관리 고수의 원칙

1. 계획을 짜고 우선 순위를 정하고, 상황에 따라 융통성 있게 조정한다.
2. 연관 부서의 우선순위와 이슈를 숙지한다.
3. 근무 중 개인적인 전화나 메신저는 자제한다.

4. 아이디어가 떠오를 때마다 메모한다.

5. 시간을 효율적으로 쓰고 있는지 수시로 자문한다.

시간 관리의 고수가 되고자 하는 궁극적인 목적과 목표는 생산성과 효율 높은 하루 일과를 짜기 위해서다.

나는 밤보다 아침과 새벽에 움직이는 것이 더 효율적이었다. 이것은 사람마다 각자 다를 수 있기 때문에 섬세하게 살펴봐야 한다. 자기 자신을 잘 아는 사람이 성공한다는 원칙은 여기에도 적용된다. 일찍 일어나는 새가 벌레를 잡는 것이 아니라 벌레를 잡으려고 움직이는 새가 벌레를 잡는 것이다. 나처럼 조직 생활을 해서 출퇴근 시간이 정해진 사람이라면 바이오 리듬을 그에 맞추는 것이 좋다. 비교적 자유롭게 업무 시간을 조정할 수 있다면 자신이 어느 때 더 능률적인지 체크해서 그 시간에 맞춰 하루 스케줄을 짜보자.

나는 새벽 시간을 좋아한다. 일찍 자면 일찍 일어날 수 있어서 크게 문제되지 않았다. 만약 내가 밤에 일해야 하는 직업이었다면 생활 패턴을 바꾸었을 것이다. 타고난 본성이 있지만 바이오 리듬의 사이클을 조정하는 것은 충분히 가능하다. 그러니 너무 스트레스 받지 말고 자신에게 최적화된 시간을 찾아보되, 처해진 상황에 맞춰 조정하는 지혜를 발휘해보자.

시간 관리의 '고수'라는 말을 썼는데, 고수는 시야가 넓은 사람을 뜻하기도 한다. 단순히 일하는 시간만 관리해서는 고수라는 말을 듣기 어렵다. 진짜 고수는 일, 자기계발, 휴식과 충전 시간까지 빠짐없이 챙긴다. 그래야 오래 일할 수 있다는 걸 알기 때문이다. 자기계발, 휴식, 충전은 그 성과나 결과가 눈에 보이지 않아서 빠뜨리기 쉽다. 그러나 반드시 이런 시간을 가져야 한다. 인생은 마라톤이다. 길고 오래 뛰기 위해서는 체력과 컨디션 유지가 필수다.

시간 관리의 결정체, 루틴

루틴은 뜨거운 여름을 위해 필요한 삶의 요소다. 인생에서 가장 뜨거운 시절을 견디기 위해서는 에너지와 추진력이 필요하다. 매일매일의 루틴이 그 열쇠가 될 수 있다. 나는 '독서, 운동, 현장 방문, 칼 같은 퇴근 시간, 외부 강연'이라는 루틴을 반드시 지키고 있다.

독서 독서는 책을 읽는 것만 이야기하지 않는다. 나의 독서 대상에는 일간지와 주간지, 잡지 등이 포함된다. 아침에 눈을 뜨면 배달되어 온 영자신문과 경제신문을 포함해 모두 여덟 종류의 일간지를 읽는다. 30년간 계속하다 보니 요령이 생겨 오랜 시간 걸리지도 않는다.

입사해서 처음 발령받은 부서가 광고홍보부였다. 부서의 특성상 아침이면 전 일간지의 기사를 모니터링하는 것이 업무의 시작이었다. 처음엔 버거웠지만 계속 하다 보니 정보를 효율적으로 처리하는 나만의 노하우가 생겼다.

어떤 면에선 운이 좋았다. 사회 초년생 때는 일을 배우느라 정신 없어 뉴스나 기사를 챙겨볼 시간이 빠듯한데 그런 것들을 읽는 게 일이었으니 말이다. 일로 시작했지만 주요 일간지, 스포츠지, 경제지를 보면서 눈이 트이기 시작했다. 몰랐던 사실을 알게 되고, 유용한 정보를 찾아내고, 국내는 물론 해외 동향을 살피면서 트렌드에 민감하게 반응하고, 어느 정도 미래를 예측할 수 있게 됐다. 결코 어려운 일이 아니었다. 모든 것은 이미 다 세상에 쏟아져 나와 있었다. 나는 그것들을 지나치지 않고 자세히 살폈을 뿐이다.

신문을 읽으면서 스크랩하기 시작한 건 그때부터다. 분기별 계획을 짤 때 한눈에 보기 쉽게 중요한 기사들은 파일에 차곡차곡 모아뒀다. 어떤 결정을 내려야 할 때 다양한 분야의 지식과 정보는 큰 도움이 됐다.

신문을 읽을 때는 일단 헤드라인을 읽으며 전체적인 동향을 파악하고 시장의 변화를 예측한다. 일이나 학습에 필요한 중요한 기사는 꼭 스크랩해놓는다. 스크랩한 것들은 1년 정도 보관하다가 일정 기간 지나면 필요한 것들을 정리해서 컴퓨터 파일로 만들어둔다. 경영, 경제, 기술, 인문 등 구독하고 있는 다양한 분야의 잡지 또한 그런 과정을 거친다. 이런 과정을 반복하다 보면 세상이 어떻게 변화하고 있는지 흐름을 읽는 능력이 생긴다. 내가 앞으로 어디로 가야 할지 알 수 있는 것은 물론이다. 나는 끊임없이 전문지식을 업데이트하면서 매일 아침을 치열하고 뜨겁게 시작하고 있다.

거듭 말하지만 지금은 넓이와 깊이를 요구하는 시대다. 인간과 기계가 함께 일하는 시대이기도 하다. 앞으로 단순한 노동을 하는 사람이 더 늘어나지는 않을 것이다. 아마 인간은 기계가 할 수 없는 일들을 맡아서 하게 될 것이다. 기계가 할 수 없는 일이 무엇일까? 1차원적이고 단편적인 지식이 아닌 융합 지식이 필요한 일일 것이다. 깊이와 넓이를 가진 전문 컨설턴트의 시대가 왔다. 모든 직업이 컨설턴트화되었다고 해도 과언이 아니다. 기계가 단순한 업무를 처리하며 데이터를 축적하면 그것을 분류하고 해석해서 문제를 해결하는 것이 인간의 임무가 될 것이다. 우리는 준비되어 있어야 한다.

내가 매일 아침 신문을 읽고 스크랩하는 이유는 준비하기 위해서다. 회사는 준비하라는 말을 하지 않는다. 다만 준비되어 있는 사람을 원할 뿐이다. 이를 알고 행동해야 한다. 회사에서 이야기하지 않았으니까 괜찮을 거라고 넋 놓고 있다가는 기회를 빼앗기기 쉽다. 준비되어 있는 사람은 정답을 찾지 못하더라도 문제를 해결할 수 있는 아이디어가 있다. 아이디어를 가지고 있다는 건 아주 중요한 장점이다. 공부하지 않으면 아이디어를 내놓을 수 없다. 비즈니스를 잘하려면 가장 중요한 것이 물음표고, 그다음이 아이디어다. 독서는 그런 면에서 아주 큰 힘이 된다.

운동 회사에 다닐 때는 아침 저녁 왕복 5킬로미터를 걸었다. 지금은 오전에 헬스클럽에서 운동하고 걷기는 저녁에만 한다. 아침에 일어나서 신문을 읽고 그날 해야 할 일에 대한 계획을 세우는 등 머리 써야 할 일을 한 뒤 걸으면서 몸을 깨운다.

몸과 정신은 따로 존재하지 않는다. 하나의 유기체로 함께 움직인다. 어느 한쪽의 균형이 무너지면 둘 다 견디지 못한다. 머리를 쓰는 만큼 몸을 써야 하는 이유다. 아침에 걸어서 출근하면 몸이 깨어나면서 뇌도 재충전된다. 출근하기 전 신문과 잡지를 읽으며 계획을 세우느라 복잡했던 머릿속이 정리되면서 업무를 받아들일 준비가 된다.

나는 아침 일찍 출근하는 편이었다. 차도 사람도 덜 붐비는 이른 아침이 걷기에도 좋고 공기도 더 맑은 느낌이었기 때문이다. 7시 30분에서 8시쯤 이른 출근을 하면 좋은 이유가 또 하나 있다(이 부분은 회사 생활을 하는 이들에게 아주 유용한 팁이다). 그 시간에 출근하면 상사와 짧게나마 이야기를 나눌 기회가 생긴다. 회의는 9시나 시작되고, 직원들은 아직 출근하기 전인 오전 시간이라 사장이 주로 혼자 있기 때문이다. 아디다스에 근무하는 동안 대부분의 시간을 외국인 사장과 일했다. 그들과 가벼운 이야기를 나누다 보면 친근해지고 저절로 회화 연습까지 되니 일석이조였다.

이렇게 해서 제일 좋은 건 상사를 관리할 수 있다는 것이다. 사장들은 대부분 많이 바쁘고 정신이 없다. 비서가 있더라도 회사 전체를 관리하다 보니 놓치는 것들이 종종 있다. 아침 시간 간단한 대화를 나누면서 상사가 놓칠 만한 것을 슬쩍 확인해주자. "상사의 성공을 도와라"라는 말이 괜히 있는 게 아니다.

현장 방문 나는 현장에 자주 나갔다. 이것은 마케터로서, 또 시간 관리를 위해서 반드시 지켰던 일이다. 적어도 일주일에 한 번 정도는 주요 상권 현장에 나갔다. 현장에 가면 여러 가지를 얻을 수 있다. 판매 자료, 내부 데이터 등은 물론이고 직원과 대화를 나누면서 시장 상황을 파악할 수 있다. 마케터는 밸런스가 아주 중요하다. 실제 현장에 가서 보고, 듣고, 관찰하면서 안과 밖의 균형을 맞춰야 한다. 균형을 잡기 위해 나는 현장에 나가는 루틴을 반드시 지켰다. 이를 통해 다른 직원들과는 차별화된 완전히 다른 감각, 그러니까 흐름을 포착하는 감지 능력을 얻게 됐다. 흐름을 포착하려면 눈으로 직접 봐야 한다. 현장을 찾아 듣는 최일선 사람들의 이야기는 큰 변화의 시작점이 되어준다.

칼퇴근 칼퇴는 사원 시절부터 지켜온 나만의 철칙이다. 단, 그날 할 일은 반드시 그날 하고 퇴근했다.

칼퇴를 한 이유 중 하나는 체력을 관리하기 위해서였다. 승진할 실력은 되는데 체력이 안 따라준다면 기회가 와도 잡지 못한다. 지력은 공유해서 쓰면 되지만 체력은 빌려 쓸 수 없다. 체력이 떨어지면 집중력도 떨어진다. 나는 감기에 걸리지 않기 위해 체온을 잘 유지하려고 노력했다. 감기에 걸리지 않는 건 건강 관리 이전에 시간 관리의 필수조건이라고 생각했기 때문이다.

일하는 사람들에게 에너지 관리는 정말 중요한 요소다. 다음 날 아침은 전날 밤부터 시작된다는 생각으로 살았다. 다음 날 최상의 컨디션을 유지하려면 전날 저녁부터 준비해야만 한다. 최상의 컨디션으로 업무에 임해야 올바른 정신으로 실수 없는 의사결정을 할 수 있다.

만취 상태로 집에 가면 다음 날 회사에 출근하고 싶을까? 일어나기 싫은 게 당연하다. 하지만 어쩔 수 없이 억지로 출근하게 된다. 나 또한 피치 못할 사정으로 일 년에 한두 번은 그런 일이 있었다. 그래도 365일 중 364일은 루틴대로 하려고 노력했다.

퇴근하면 일주일에 세 번은 바로 집으로 가는 것도 꼭 지키는 루틴 중 하나였다. 최소한 일주일에 세 번은 가족들과 저녁 식사를 했다. 직장인이기 이전에 남편이자 아빠라는 걸 잊지 않으려고 노력했다. 저녁을 먹으며 아내와 아이들과 대화하고 소통했다. 일이 바빠 가족들과 멀어진다는 건 작은 걸 취하려다 더 큰 걸 놓치는 어리석은 일이다. 회사는 바꿀 수 있지만 가족은 그럴 수 없다는 걸 알면서도 시간 관리에 실패하면 소중한 걸 미룰 수밖에 없게 된다. 시간 관리는 이처럼 일상을 무너뜨리지 않는 인생의 단단한 초석, 든든한 보호막이다.

나머지 이틀은 직원 혹은 파트너와 식사를 한 뒤 헤어지거나 퇴근과 동시에 매장을 돌았다. 팀장이 된 후로는 직원들 중 원하는 사람과 함께 갔는데, 일의 연장이기 때문에 30분 일찍 퇴근해서 간단한 저녁 식사를 하고 헤어졌다. 직원의 시간을 내가 함부로 써서는 안 되기 때문이다.

칼퇴하려면 근무 시간의 노동 밀도를 높여야 한다. 일하는 시간에 완벽하게 몰입하면 야근할 필요가 없다. 회사에 몰입하지 못하는 사람들의 유형이 세 가지 정도로 분류된다. 주식을 하거나, SNS를 하거나, 나머지 하나는 안타까운 경우인데 집에 우환이 있는 경우다. 내 경우, 주중에는 전화기를 무음으로 둔다. 일이 먼저이기 때문이다. 그것만 엄격하게 지키면 업무에 집중하는 게 어렵지 않다. 야근을 해서 다음 날까지 지장받고 싶지 않다는 생각에 항상 업무 시간을 알차게 썼고, 당당하게 퇴근 시간을 칼같이 지켰다.

상사가 된 뒤 부하 직원들에게도 가능한 한 바로 퇴근하라고 권유했다. 상사가 부하 직원에게 야근을 강요하는 건 그 사람의 시간을 깎아먹는 것이고, 자신이 살아남기 위해 남을 희생시키는 것이라고 생각했다. 게다가 대학원에 공부하러 간다면 무조건 일찍 퇴근시켜줬다. 휴가도 군말 없이 처리했다. 회식을 하긴 했는데 118을 지켰다. 한 장소에서 한 가지 주종으로 밤 8시까지 하는 회식을 말한다. 그래도 회식 다음 날 피곤한 직원들은 반차를 쓰게 했다. 대신 자신이 할 일은 제대로 마치라고 했다.

칼퇴를 지시한다고 해서 모든 직원이 환호하는 건 아니다. 일을 다 마치지 못한 사람들은 난감해하기도 했다. 칼퇴를 안 하는 사람도 있었지만 못하는 사람이 반 이상이었다. 일의 밀도에 대해 생각하지 않고 일과를 보내서였을 것이다. 그들에게 무조건 나를 따르라고 하진 않았지만 일하는 내내 지속적으로 주지시켰다. 일과 시간에 일하고 반드시 제 시간에 퇴근하라고 말이다.

불만인 직원들도 있었을 테지만 칼퇴는 여전히 나의 신념이고, 옳은 일이라고 생각한다. 배터리가 떨어지면 다시 충전해야 하듯, 열심히 일한 하루의 마무리에는 충분한 휴식이 주어져야 한다. 일찍 일어나는 게 힘들면 아주 간단한 해결책이 있다. 일찍 자면 된다. 아침 일찍 일과를 시작하는 게 무조건 좋다는 건 아니다. 다만 자신에게 맞는 시간을 찾되 일과 시간에는 고밀도로 쫀쫀하게 시간 관리를 하자는 이야기다.

외부 강연 마지막 루틴은 외부 강연이다. 이 또한 철저하게 시간을 관리했기 때문에 지금까지 이어올 수 있었다. 외부 강연을 한 지 15년쯤 됐다. 외부 강연을 나가면서 업력과 공력은 다르다는 것을 깨달았다. 연차 30년이 공력 30년이라는 의미는 아니다. 근무 시간과 장인이 되는 시간은 저절로 비례해 늘어나지 않는다. 지식과 경험을 체계적으로 만들어야 비로소 장인의 반열에 오를 수 있다.

강연을 한다는 건 내가 가진 지식을 정리하고 체계화하는 일이다. 남에게 지식을 전달하기 위해 준비하는 것이 가장 큰 학습이라는 걸 강연을 준비하면서 새삼 깨달았다. 이 과정이 나의 경쟁력을 높여준다는 것 또한 알게 됐다. 강연을 하다 보면 나만의 강점과 내가 가진 콘텐츠에 대해 제대로 알게 된다. 내가 하고 있는 일이 무엇인지, 나의 성공 요인이 무엇인지 혼자 생각하는 것과 다른 사람에게 이야기해주기 위해 정리하는 것은 천양지차다. 이런 것들이 쌓여 공력이 되는 것이다.

강연을 하면 전달력, 표현력, 설득 능력이 좋아지는데 이런 것들은 높은 자리로 갈수록 필요한 능력이다. 임원은 자신의 의견을 잘 전달하고 잘 표현하고 직원들을 잘 설득할 수 있어야 한다. 또 강연을 하면 자연스럽게 사내 발표 능력도 향상된다. 강연을 듣기 위해 모여 있는 청중과의 네트워크가 형성되는 것도 빼놓을 수 없는 장점이다. 한 회사에 오래 근무하다 보면 업계 사람들 이외의 사람을 만날 기회가 좀처럼 생기지 않는다. 그런데 강연을 하다 보면 나와 접점이 없는 사람들과의 만남이 성사된다. 왜 그런 네트워크를 만들어야 할까? 나중에 길게 설명하겠지만, 이 자체가 리스킬 업스킬링 과정이기 때문이다.

일하면서 강연을 준비하는 게 쉽지 않았지만 꾸준히 하다 보니 어느 순간 3년 연속 전경련 1등 강사로 뽑히면서 명강사 소리를 듣고 있다. 그 과정에서 대중 연설에 대한 두려움은 자연스럽게 없어졌다. 연습만이 자신감을 갖게 한다는 말이 무슨 이야기인지 절실히 깨달았다.

월드컵이 끝난 다음 해인 2011년 가을, 전 세계 아디다스 매니저, 디렉터 1000여 명이 본사에 모였다. 그리고 연설을 요청했다. 2002년, 2006년, 2010년 월드컵 때마다 국내에서 아디다스의 인지도를 엄청나게 올려놓은 노하우와 경험을 공유해달라고 했다. 그때 30분의 프레젠테이션을 위해 30일을 준비했다. 행사 당일에도 새벽 3시에 일어나 아침 8시까지 연습했다. 그리고 30분 동안 영어권 나라도 아닌 한국에서 온 내가 완벽하게 그 공간을 장악했다. 조금도 떨지 않았다. 엄청난 준비와 연습 덕분이기도 했지만 강연을 통해 다져진 배짱이 한몫했다.

내게 가장 소중한 자원인 시간 관리를 위해서라도 이 루틴들을 계속 지켜 나갈 것이다. 운동선수들이 루틴을 갖는 건 이길 때를 위해서가 아니라 질 때 넘어지지 않기 위해서다. 루틴은 좋을 때 힘을 발휘하는 게 아니라 흔들릴 때 나를 잡아준다. 힘들고 어려울 때 방향성을 잃지 않고 지속 가능하게 해주는 하나의 시스템이다.

30년 동안 일을 한다는 게 끔찍하게 느껴질 수도 있지만 일의 의미를 다르게 두면 30년 동안 즐거울 수도 있다. 일이 즐거울 수 있는 루틴을 만들어보자. 이왕이면 성취를 이룰 수 있는 것들로 잘 정돈해보자.

포스트 코로나 시대의 직장 활용법

코로나 이후 '대퇴사 시대'라는 키워드가 전 세계에 유행처럼 번지고 있다. 리스베스 클로스 윌래밋대학 명예교수는 이렇게 말했다.

"코로나 대유행은 직원들의 육체적·정신적 건강을 인적자원 관리의 최우선 과제로 놓아야 한다는 점을 일깨워주는 계기가 됐습니다. 직원의 복지와 육체적·정신적 건강은 고용주가 주요하게 관심을 기울여야 할 핵심적인 문제입니다."

우리나라뿐만 아니라 전 세계적으로 코로나로 직장을 그만둔 사람들이 돌아오지 않고 있다. 남아 있는 사람들도 10명 중 7명은 이직이나 퇴사를 고민하고 있다. 이 책을 읽고 있는 3~5년차 회사원들 역시 한두 번쯤 이직이나 퇴직을 생각해봤을 것이다. 이런 분위기 속에서 자발적 퇴사가 점점 늘어나고 있다.

왜 퇴사하려는 걸까? 코로나를 겪으며 비대면 방식으로 업무를 처리하다 보니 제대로 교육을 받거나 관계를 맺기 어려워 결속감이 떨어진 것도 한몫할 것이다. 그러나 가장 큰 이유는 예측 불가능한 시기에 새로운 답을 찾기 위해서일 것이다. 이제 더 이상 기존 문법이 통하지 않는다는 걸 절감한다. 조직이 더 이상 안정을 가져다주지 못할 것 같다는 불안이 커진다. 그런 분위기 속에서 내가 나를 지켜야만 한다는 조급함이 퇴사와 이직으로 이어지고 있다.

이는 또한 기업의 조직 문화가 바뀌지 않으면 조직 또한 무너질 수 있다는 의미로 해석할 수 있다. 베인 앤드 컴퍼니는 미국, 독일, 프랑스, 브라질 등 10개 국 근로자 2만 명의 직업 만족도를 정기적으로 조사하고 있다. 조사한 바에 따르면, 21세기 초반까지 직업 혹은 직장을 선택할 때 가장 중요한 요소는 연봉이었다. 얼마나 벌 수 있느냐가 삶의 가장 큰 목표이자 방향이었다. 그러나 최근의 조사 결과는 뜻밖이다. 직업 만족도 요인 중 연봉은 22% 정도로 과거 조사에 비해 그 중요도가 현격히 낮아졌다. 대신 직업 흥미도가 15%, 직업 안정성이 15%, 워라밸이 12%로 높아졌다. 돈을 많이 번다는 이유로 직업과 직장을 선택하는 것은 구시대적 발상이다. 포스트 코로나 시대에도 워라밸의 중요성은 줄어들지 않을 것이다. 고연봉과 안정성을 담보하는 직장보다 적당히 벌고 조금 불안하지만 워라밸을 누리는 삶을 선택하는 이들이 더욱 늘어날 것이다.

개인은 개인대로 조직은 조직대로 새 시대의 정신에 맞는 새로운 준비를 해야 한다. 이제 조직이 아니라 일에 몰입하고 그에 대한 공정한 보상을 받는 것이 보편화된 시대가 올 것이다. 아니, 이미 우리 눈앞에서 그런 움직임이 시작되고 있다. 성공을 위해 회사에 헌신하더라도 틈틈이 자기만의 시간을 갖는 건 당연한 일이다. 회사가 먼저, 회사가 주도하는 대로 자신의 목표를 설계하고 모든 시간을 바치는 건 옛날 방식이다. 회사가 원하는 대로 움직이는 수동적 자세가 아니라 스스로 자기 경영의 주체가 되는 능동적 자세로 자신의 커리어를 만들어가려면 어떻게 해야 할까?

퇴직이나 이직을 고려하기 전에 회사의 조직 문화를 먼저 살펴보기를 권한다. 3~5년 차쯤 되어 이직이나 퇴직을 생각하는 건 이 시대에 피할 수 없는 숙명이지만, 그것만이 능사가 아니다. 내 인생의 준비는 철저하게 나라는 사람에게 맞춰져야 한다. 이 회사에서 나의 커리어를 충분히 쌓을 수 있지만 이직과 퇴사가 트렌드이고, 하루라도 빨리 새로운 준비를 하는 게 좋으니까 그만둬야지, 라고 생각하는 것은 매우 위험하다. 남이 입어서 멋진 옷이라도 내가 입었을 때 멋져 보이는 건 아니다. 사람마다 체형이 다르고 생김새가 다른데 옷이 같다고 똑같은 분위기를 만들 수는 없다. 과학적이고 합리적인 의사결정의 근거를 가지고 판단해야 한다. 이는 매우 중요한 요소다.

이직이나 퇴사를 결심했다면 실행에 옮기기 전, 조직 문화가 건강한지, 내가 성장할 만한 기회가 있는지 진단해보자. 예를 들면 이런 질문을 스스로 던져보는 것이다.

첫째, 이 조직은 가장 가까운 친구나 지인에게 추천할 만한가?

둘째, 이 조직은 매일 최상의 근무를 할 수 있는 영감을 주는가?

셋째, 이 조직을 빨리 떠나고 싶다는 생각이 규칙적으로 드는가?

먼저 첫 번째 질문을 살펴보자. 친구 혹은 지인에게 자신의 조직을 추천한다는 건 쉬우면서도 어려운 일이다. 회사는 단순한 밥벌이 이상의 의미를 갖는다. 하루 중 자신에게 주어진 시간의 절반 이상을 투자해야 하는 어떤 조직, 공간에 들어가는 것이다. 회사를 추천한다는 건 누군가의 인생에 막대한 영향을 줄 수밖에 없는 일이다. 그럼에도 불구하고 과감하게 주변 친구들에게 추천한다는 건 대단한 자부심이 있지 않고서는 어려운 일이다.

250

또한 회사는 나와 같이 성장해야만 한다. 회사만 발전하고 내가 성장할 수 없는 구조라면 고민할 것도 없이 나오는 게 좋다. 내 업무를 완벽하게 수행하고 공헌할 수 있도록 동기 부여해주는가 잘 살펴봐야 한다. 이것은 위의 질문과도 연결된다. 나에게 영감을 주고 동기 부여를 해주는 회사라면 자연스럽게 자긍심을 느끼게 되고 타인에게도 자신있게 소개할 수 있을 것이다.

결정적인 문제점은 없지만 때때로 그만두고 싶다는 생각이 든다면, 이는 미처 알아채지 못한 구멍이 있다는 뜻이다. 동료 관계나 일의 적합성 등에서 그 원인을 찾아보자.

조직 만족도를 평가하고 구체적인 답을 찾는 시도를 한 후에 퇴직이나 이직을 결정해도 늦지 않다. 다른 사람들도 3년 차쯤 다른 진로를 선택하니까 나도 그래야겠다는 조급함을 버리고 긴 인생 제대로 준비한다는 마음으로 차근차근 커리어를 쌓아 나가야 한다. 자기만의 내비게이션을 가지고 자신만의 지도를 그려야 한다. 그 지도는 지구상에 유일무일한 당신만의 지도다. 지도를 그려 나가는 것이 중요하지 연차가 찼으니 남들 하는 대로 따라가는 것이 중요한 게 아니다.

회사의 업무 환경이나 근무 환경이 어떤가 냉철하게 생각해 본 사람은 많지 않을 것이다. 다음 질문에 스스로 답해보자.

첫째, 지금 하는 일에서 충분한 성취감을 느끼고 있나?

둘째, 회사가 기대하는 것에 대한 충분한 이해를 갖고 있나?

셋째, 지금보다 업무를 더 잘하기 위한 의사결정에 나의 의견이 받아들여지고 있나?

넷째, 새로운 시도하기 위한 다양성과 다름에 대한 포용력을 존중하나?

일에 쫓기다 보면 이런 것들을 생각하면서 일하게 되지 않는다. 그러나 자꾸 물어야 한다. 그 누구도 대답해주지 않으므로 스스로 지속적으로 확인해 나가야 한다. 그래야 나의 워라밸을 지키고, 일에 대한 몰입을 끌어올릴 수 있다. 이것은 회사만이 아니라 조직의 경영자나 선배들에게도 던질 수 있는 질문이다. 누구도 나에게 맞춰서 질문해주지 않는다. 스스로에게 묻고 대답하는 시간을 가져본 사람들은 자신의 부족하고 필요한 부분들을 쉽게 찾아낸다. 그리고 자연스럽게 그 공백을 메우기 위해 준비하고 노력한다. 나는 조직 생활을 하면서 이런 부분에 대해 늘 생각하고 스스로에게 물었다.

이런 질문을 해볼 수도 있다. 일에 있어서 중요한 것 중 하나가 소통이다. 개인 한 사람이 운영하는 스타트업이 아닌 이상 당연한 일이다. 아니, 그런 기업이라도 성과를 내기 위해서는 여러 사람과의 협력이 필요하다. 하물며 한 공간에서 하나의 목표를 향해 여러 사람이 함께 나아가는 회사는 어떻겠는가? 다양한 성격, 재능, 연령의 사람들과 협업하고 협력해 나가야 한다. 이 직하기 전에 이런 관계에 대해서도 질문하고 진단을 내려봐야 한다.

첫째, 회사 내에서 각자 다양한 목소리를 낼 수 있는가?

둘째, 직속 상관인 관리자들이 MZ세대의 의견을 존중해주는가?

셋째, 업무 진행에 대한 빠른 피드백과 건설적 조언을 해주는가?

넷째, 업무 효율과 생산성 증진을 위한 협업 솔루션과 비대면 소통 체계가 있는가?

관계가 아리송하다면 위의 질문을 기준으로 삼아도 좋고, 자신에게 맞는 목록을 추가해 체크해보는 것도 좋다. 만약에 하나도 해당되지 않는다면 과감하게 이직을 결정해도 된다. 자기와 맞지 않는 관계를 유지하기 위해 에너지를 쓰느라 커리어를 놓칠 수도 있기 때문이다.

만약 위의 질문들 중 서너 가지에 긍정적으로 답할 수 있다면 이직이나 퇴직을 결심할 필요가 없다. 실적도 좋고 잘 성장하고 있는데 직원들의 처우나 복지에 투자하지 않는 회사가 있다. 회사가 성장하는 만큼 직원의 성장을 뒷받침해주지 않고 5명이 할 일을 2명이 소화하느라 매일 야근하는 회사도 있다. 이런 곳에서 일하느라 기가 빨린다면 과감히 이직과 퇴사를 결정해도 된다. 그런 회사에는 발전의 기회가 있을 리 없다. 그런데 위의 질문들을 던졌을 때 평균 이상인 회사라면 생각을 바꾸길 권한다. 좋은 직장이기 때문이다. 한두 가지 문제점 때문에 섣불리 옮겼다가 늑대를 피해 호랑이를 만나는 격이 될 수도 있다.

조직 문화는 그럭저럭 견딜 만한데 상사와 잘 맞지 않아 힘들다면 부서를 바꿔보는 게 현명한 대처법이다. 다양한 경험은 커리어에도 도움이 된다. 자신이 가진 옵션이 많아지기 때문이다.

중요한 것은 떠날 회사인지 남을 회사인지 스스로의 기준으로 질문하고 진단해야 한다는 것이다. 냉철하게 평가해서 기존 회사에서 기회가 보인다면 다시 한 번 최선을 다해보자. 회사를 옮겨서 변화를 주는 게 아니라 나 스스로 변하는 것을 택해보는 것이다. 회사를 옮겼는데 나는 변한 것 없이 똑같다면 그 회사에서도 또 다시 이직을 고민하게 될 것이기 때문이다.

인사 제도 돌아보기

학창 시절, 진학을 앞두고 가고 싶은 대학의 모집 전형을 한 번쯤 살펴본 기억이 있을 것이다. 학교마다 원하는 인재상이 다르고, 그 인재를 선발하는 방식에 차이가 있다. 언뜻 보면 성적

대로 줄 세우는 것 같지만 그 안에 학교마다 뚜렷한 차이가 존재한다. 회사의 인사 제도도 비슷하다. 회사마다 원하는 인재상이 있고, 인사 선발 방식이 있다. 그것이 과연 나의 가치관, 성향, 능력과 잘 맞는지 점검해봐야 한다.

조직의 성장과 발전에 기여하는 것만을 목표로 한 인사 선발이 있고, 단순히 우수 · 비우수만 나누는 평가 방식도 있다. 규정이 지나치게 까다롭고 복잡하거나 기준이 다소 편향적인 경우도 있다. 말 그대로 천차만별이다. 이처럼 제각각 다른 인사 시스템에서 주목해야 할 것은 다음 같은 것들이다.

성장을 위한 다양한 학습 시스템이 있는가.
코칭 멘토, 리버스 멘토 등 소통 채널을 활용할 수 있는가.
다양성과 성장 문화가 존재하는가.

이런 것들이 기본적으로 인사 시스템에 포함되어 있어야 한다. 이런 것들이 기본으로 갖춰진 상태에서 개성 넘치는 성격이라면 자신의 개성을 자유롭게 드러낼 수 있는지, 열정적인 사람이라면 치열한 문제로 갈등이 있더라도 일에 열정적인 자신의 태도가 환대받을 수 있는지, 지속적인 성장을 원하는 사람이라면 회사와 구성원이 함께 성장할 수 있는 시스템인지 자신을 회사의 시스템에 대입시켜봐야 한다.

255

새로운 회사에서 다르게 일하는 법

인생에서 가장 아까운 시간은 버텨야 할 때 버티지 않고, 버티지 말아야 할 때 버티는 시간이다. 버텨야 할 때 버티지 않고 박차고 나와서 더 혼돈을 겪거나, 버티지 말아야 할 때 버티다가 스스로 번아웃되고 탈진해서 재기하지 못하는 경우를 종종 본다. 섣부른 판단으로 이직해서도 안 되지만 억지로 버티는 것은 좋은 방식이 아니다.

이직을 결심했다면 새로운 준비가 필요하다. 빠른 적응을 위해 조직의 분위기와 내부 환경, 시스템, 프로세스를 미리 파악해 둬야 한다. 모든 조직은 제각각 업무 방식이 있고, 리더의 업무 성향이 다 다르기 때문이다. 보고 매뉴얼, 보고 양식 등 보고 문화도 다를 것이다. 회의 방식과 횟수, 종류, 연간 월간 회의 스케줄 등도 마찬가지다. 전 회사에서 하던 방식을 그대로 가져와서는 안 된다. 아예 아무것도 모르는 백지 상태에서 시작한다고 생각하고 새로운 회사와 업무에 적응해야 한다. 회사 비전, 주요 사업 목표, 주요 성과 목표, 협업해야 할 주요 연관 부서까지 파악하는 철저한 준비가 필요하다. 그래야 이직이라는 큰 변화가 인생의 좋은 결정이 될 수 있다.

6F, 행복한 삶에도 전략이 필요하다

지금까지 주로 사회인으로서 인정받고 성공하는 방법을 소개했다. 그러나 우리 모두에게는 자신의 가족, 공간, 삶이 있다. 이를 잘 관리해야 궁극적으로 행복할 수 있다. 마지막으로 행복한 나를 만들기 위한 6F를 소개한다. 6F는 가족family. 친구friend, 부부fiancé, 건강fitness, 돈finance, 자유freedom 여섯 가지 F를 의미한다.

가족

유학을 다 마치지 못하고 갑자기 귀국해야 했을 때 아이들과 아내는 캐나다에 남기로 했다. 아빠의 공부 때문에 낯선 환경에 갑자기 던져졌는데 또 다시 아빠의 일 때문에 새로운 적응을 시켜야 하는 것이 미안해서 선택한 어쩔 수 없는 결정이었다.

아내 혼자 타지에서 고군분투했던 그 시절을 빼곤 아이들이 성장하는 것을 쭉 곁에서 지켜봤다. 절대 근무 시간을 넘겨 일하지 않고 별다른 일이 없는 한 일주일에 세 번 정도는 가족이 함께 저녁식사 하는 걸 지키려 했다. 함께 밥을 먹으면서 그날 있었던 일에 대한 대화를 나누면서 우리 가족은 대부분의 일을 공유했다. 아이들이 좀 자란 뒤에는 세대별 동향에 대한 트렌드의 흐름과 관련해 서로 정보 교환도 하고 조언을 주고받았다. 아빠의 사정, 엄마의 사정, 딸의 사정, 아들의 사정. 서로 각자의 사정과 과정을 놓치지 않았고, 그 덕분에 우리 가족은 가장 믿어주고 어떤 결과도 응원하는 사이가 됐다. 제일 좋은 친구 사이가 된 것이다.

여행도 자주 가는데 돌아가면서 여행지를 고르고 안내한다. 여행을 할 때마다 가족과 함께 좋은 것을 나누는 시간만큼 행복한 순간은 없다는 생각이 든다. 멋진 풍경을 보고 맛있는 음식을 먹고 가장 편안하고 친근한 사람들과 즐거운 시간을 보내면 저절로 에너지가 충전되는 것만 같다. 일을 한다는 건 내가 가진 에너지를 소비하는 것이다. 가족들과 편안한 시간을 보내면 새로운 동력을 얻어 다음 날 다시 힘을 내게 된다.

너무 바빠서 미처 가족을 돌보지 못하는 상황에 처한 이도 분명 있을 것이다. 그러나 가족 관계의 중요성을 알고 있는 사람과 그렇지 못한 사람은 천양지차다. 알고 있는 사람이라면 아주 짧은 시간이라도 최선을 다할 것이다. 요즘은 비혼 혹은 1인 가구가 많아지고 다양한 형태의 구성원이 가족처럼 모여 살기도 한다. 혼자든 둘이든 셋이든 가족, 식구, 함께 밥을 먹고 일상을 나누는 사람들과 행복하고 충만한 시간을 자주 갖길 바란다. 이는 또한 자기계발과 성공에 필요한 중요한 요소 중 하나다.

친구

나에게 친구는 동갑내기만이 아니라 동시대를 살아가는 가까운 인연을 모두 포함하는 개념이다. 사람은 다른 사람과의 관계속에서 어울리고 섞여서 살아가도록 만들어진 존재다. 유럽 문헌에 '친구'라는 단어가 자주 등장하기 시작한 건 14세기 이후다. 흑사병과 오랜 기근으로 유럽 인구의 절반이 죽고 난 다음이다. 가족 공동체 안에서 친밀감을 쌓으며 안정적인 일상을 보내던 사람들이 가족과 헤어진 뒤 친구를 찾기 시작한 것이다. 그러니까 친구는 또 다른 가족이라고 할 수 있다. 친구는 소비된 에너지를 보충해주는 아주 소중한 존재들이다.

앞서 말했듯 나는 친구의 범위를 협소하게 생각하지 않는다. 서로 관심사가 비슷하고 고민하는 지점에 공통점이 있고 도움을 주고받을 수 있는 관계라면 그가 누구든 친구라고 생각한다.

259

나에게 고민을 상담하는 멘티나 나에게 조언을 아끼지 않는 멘토 모두 친구의 범주에 들어간다. 나는 그들에게 많은 것을 얻었다.

바쁘게 일하느라 친구를 잃었다고 한탄하는 사람들도 있다. 물리적으로 만날 시간 자체가 부족해 사전적 의미의 친구는 잃었을지 몰라도 주변에 가까운 사람이 없지 않을 것이다. 기대하는 존재가 아니라 서로 기댈 수 있는 존재로서의 친구. 많으면 많을수록 좋다.

부부

바쁜 직장 생활과 사회 생활로 힘들고 지칠 때 힘과 버팀목이 되어주는 사람이 배우자다. 나에게 아내는 부인, 내조자, 동반자, 파트너, 친구, 코치 등 일인다역을 해주는 소중한 사람이다. 가족이라는 전체적인 시각에서 볼 때, 부모와 자식, 형제들도 다 소중하다. 하지만 아내, 즉 배우자의 소중함을 알고, 서로의 든든한 동지애를 다져 나가는 것은 큰 힘이 되어준다.

퇴사한 후 아내와 함께 있는 시간이 많아졌지만, 그게 그렇게 어색하지 않다. 회사 생활을 할 때도 칼퇴하고 일주일에 세 번 이상 저녁 식사를 함께했고 주말이면 늘 같이 있었기 때문이다. 아이들 일, 집안 대소사도 함께 상의하며 해결해 나갔다.

260

그리고 나의 일에 대해 아내에게 늘 솔직하게 이야기했다. 회사에서 있었던 좋은 일, 좋지 않은 일 가리지 않고 다 말하는 편이었다. 하소연이나 넋두리가 아니라 나를 가장 잘 알고 있는 파트너에게 의견을 구하기 위해서였다. 그럴 때마다 아내는 균형 잡힌 시각에서 솔직하게 조언을 해줬다. 아내의 조언과 쓴소리 덕에 초고속 승진을 하면서도 나는 자기 객관화를 잃지 않을 수 있었다. 본질에서 벗어나거나 감정에 치우쳐 일을 해결하려고 하면 아내는 나를 단호하게 바로잡아줬다.

건강

회사에 다닐 때는 피트니스 센터에 가는 일정을 특별히 잡아 놓지는 않았다. 그래도 될 수 있는 대로 틈만 있으면 운동을 하려고 노력했다. 체력은 국력 아니, 업력이자 공력이기 때문이다. 집과 가까운 양재천을 걷는 건 나의 오래된 아침 루틴이다. 3~4킬로미터 정도를 빠른 걸음으로 걷고 돌아오면 그렇게 상쾌할 수 없다. 30~40분 정도 소요되는데 그 이상 하려고 욕심을 내면 하루를 망칠 수도 있다. 운동은 체력이 소모되는 일이기 때문에 적당하게 몸을 깨우는 정도로 움직이는 게 좋다. 나는 회사에서 집이 그리 멀지 않아 걸어서 자주 출퇴근했다. 어떤 형태로든 몸을 움직이는 방법을 찾았던 것이다. 10년 전부터는 본격적

261

으로 피트니스 센터에서 유산소 운동과 스쿼트, 런지 등을 하고 있다.

스포츠 제품을 만드는 회사에 다니다 보니 운동하는 시간은 제품을 분석하고 알아가는 시간이기도 했다. 소비자의 입장이 되어 직접 입어보고 신어보고 테스트해보는 시간으로 삼았다. 몸도 건강해지고 일도 하는 일석이조의 시간이었다. 유산소 운동과 근력 운동은 퇴사 후에도 꾸준히 하고 있다. 지식 기업의 전문 프리랜서로 일하는 지금도 체력은 여전히 중요하고 건강은 끝까지 지켜내야 하는 것이기 때문이다.

돈

경제적으로 부족함을 느끼면 자꾸 조급해진다. 조급하면 좋은 선택을 하기 어렵다. 여러 면에서 볼 때 경제력은 꼭 갖춰야 할 힘 중 하나다. 돈만 보고 돈을 쫓으라는 이야기가 아니다. 내가 열중하고 몰두할 수 있는 배경이 필요하다. 직장인들의 고민과 잡생각은 경제적 어려움에서 비롯되는 경우가 많다. 불확실의 시대에 가장 어려운 게 경제적 문제를 해결하는 것임을 물론 잘 알고 있다.

일을 시작했다면 경제 지식을 쌓아 자기에게 맞는 투자를 천천히 해 나가길 권한다. 안전자산이라는 부동산이나 불안전하지만 긴 안목으로 보면 영리한 투자가 될 수 있는 주식 등 저마다 자신에게 맞는 방법이 있을 것이다. 자신의 상황에서 실현 가능한 빈 틈은 분명히 존재한다. 중요한 건 요행을 바라는 게 아니라 든든한 자산이 되도록 차근차근 안전하게 경제력을 늘려가야 한다는 것이다. 수입을 어떻게 나눠 활용할 것인지 미리 계획을 세워보자.

자유

자유란 자유롭게 생각하는 힘, 즉 자유의지를 말한다. 남에게 휘둘리고 남의 길을 쫓느라 허덕이는 건 자유로운 삶이 아니다. 특히 요즘처럼 모든 것이 빠르게 변하는 시대에는 더욱 자유롭게 사고해야 한다. 틀에서 벗어나 나만의 생각을 마음껏 펼치는 사람은 생존 가능성도 높다.

자유로운 사고를 쌓기 위해서는 지금까지 이 책에서 권한 모든 것을 실행하면 된다. 나 자신을 알려고 노력하고, 좋은 습관을 가지고, 끊임없이 학습하며, 자신을 발전시키는 것이 자유롭게 생각하고 행동할 수 있는 가장 좋은 방법이다. 자신만의 넓고 깊은 우물을 만들어라.

좋은 습관으로 시간을 채우는 것 외에 평생학습으로 시간을 단단하게 만들어야 한다. 새로운 것을 찾아 공부하는 일을 게을

리해선 안 된다. 깊고 넓은 우물을 가진 사람은 어디서든 인정받고 환영받는다. 모두의 환대를 받으며 자유롭게 사는 사람은 심지 있게 자신이 정한 방향을 향해 나아간다. 불안한 상황에서도 흔들리지 않고 주저앉지 않고 목표한 대로 소신 있게 성장할 수 있다.

MZ세대 중심으로 주체적인 삶에 대한 갈망이 커지고, 일의 정의와 의미도 달라지고 있다. 단순히 돈을 벌기 위한 직업이 아니라, 그 이상 행복한 자기 성장이 가능한 일을 추구하는 시대다. 과연 자기 삶의 질적 가치를 어디다 둘 것인지 깊이 생각해 봐야 한다. 디지털 테크의 시대가 밀려오자마자 우리는 팬데믹이라는 전염의 시대를 맞이했다. 한 치 앞도 알 수 없는 이때야말로 과연 내게 필요한 것은 무엇이고 내가 해야 할 일은 무엇인지 깊게 성찰할 수 있는 좋은 기회다. 이 책이 도전과 학습을 멈추지 않는 길에 뜻 깊은 경험이 되길 바란다.

이 책을 읽은 여러분 모두가 자유를 얻길 바란다. 다른 사람의 시선과 목표에서 해방돼 자신만의 길을 찾아내길 마음을 다해 응원한다.

오늘도 변신을 꿈꾼다

포스트 코로나 시대, 우리는 더 이상 예전처럼 살 수 없다는 사실을 알아야 한다. 여러 전문가가 앞으로 어떤 형태로든 예측할 수 없는 위험이 계속될 것이라고 말한다. 완전히 새로운 게임이 시작됐다는 이야기다. 기존 방식으로는 더 이상 생존과 성장이 어렵다는 걸 알고 행동해야 한다.

팬데믹으로 인해 AI 혁명이 앞당겨졌고, 우리는 그 세계에 적응하고 있다. 다행스러운 건 디지털이 고도화된 지금, 기존 산업 구조는 해체될 테지만 새로운 시장이 창출될 기회가 열릴 거라는 사실이다. 누가 먼저 조금이라도 빨리 그 시장에 진입해 성과를 내느냐가 관건이다.

그렇다면 미래는 위기일까 기회일까? 위기와 기회는 항상 붙

265

어서 움직인다. 기회를 놓치면 후회라는 위기의 씨앗이 심긴다. 정신을 똑바로 차리지 않으면 위기가 기회의 땅으로 범람할 것이다. 기술이 진화하면 새로운 시장이 생긴다는 사실을 직시하고 너무 두려워하지 마라. 트랜스포머가 되어 신기술을 빠르게 습득하고 자신의 기술이 시장과 상호작용할 수 있는 길을 찾으면 분명 기회를 얻을 수 있다. 지금까지 없었던 시장을 발견하는 데서 오는 짜릿함. 틈새시장에 진입해 고객에게 경험을 확장시켰을 때의 뿌듯함. 가보지 않은 길을 떠나는 사람들만이 얻을 수 있는 성취이고 성과다.

강형근이라는 사람이 삶을 대하는 태도를 객관적으로 생각해보았다. 나는 자신의 미래가치를 고민하는 밝은 에너지를 가진 사람이다. 어떻게 보면 정해진 답대로 움직였던 나의 청년 시절보다 정답이 없는 지금 이 시대에 더 잘 맞는 덕목이다. 내 열정의 근원인 오너십, 변화 앞에 두려움 없이 덤볐던 도전정신, 자리에 대한 보람보다 성장에 대한 보람을 더 크게 생각했던 점, 회사의 성장에 맞춰 미리 역량을 키우려고 노력한 것 등이 나의 특징이다. 무엇보다 앞서 준비하는 것, 그게 나도 회사도 발전하는 길이라고 생각했다. 그렇게 해야만 나는 정체된 채 회사의 성장만 바라보는 것이 아니라 둘이 같이 균형 있게 성장할 수 있을 것이라고 믿었고, 실제로 그렇게 됐다.

직함이 아니라 나 자체로 성장하려 애쓴 결과, 강형근이라는 브랜드가 개발됐다. 나 자신, 이라는 브랜드는 평균수명이 늘어나는 21세기 평생 현역의 시대에 큰 자산이다. 나를 수식하는 회사의 이름과 직급을 빼고 남은 자신의 이름 석 자가 갖는 가치를 생각해야만 한다.

아디다스에서의 시간은 나를 바꾸는 과정의 연속이었다. 수없이 도전하고 시도하고 배우고 넘어지면서 많은 것을 이뤘다. 왜 주목받는 자리에 계속 머물지 않았느냐고 묻는 사람들이 있다. 내가 아디다스를 떠난 이유는 시대에 맞는 옷을 입기 위해서였다. 대전환의 시대에 머무는 것만으로는 성장할 수 없다는 것을 반 걸음 앞서 미래를 준비하면서 이미 직감하고 있었다. 항상 스스로의 기준을 높이고 그것에 맞춰 단련하고 바꿔 나가려다 보니 과감한 결단이 필요했다. 그리고 지금 새로운 인생이 펼쳐지고 있다. 꾸준한 노력으로 누구보다 빠르게 감지한 세상의 변화를 널리 알리는 일은 더없이 흥미롭고 보람차다.

미래를 보고 미리 준비하는 사람은 절대 패배자가 될 수 없다. 누구도 경험하지 못했던 새로운 세상이 도래하는 지금처럼 새로 변신하기 좋은 때는 없다. 모두의 건승을 빈다.

나만의 게임을 만들어라

초판 1쇄 발행 2022년 11월 21일
초판 2쇄 발행 2022년 12월 7일

지은이 강형근
펴낸이 유정연

이사 김귀분
책임편집 신성식 **기획편집** 조현주 심설아 유리슬아 이가람 서옥수 **디자인** 안수진 기경란
마케팅 이승헌 반지영 박중혁 김예은 **제작** 임정호 **경영지원** 박소영 **교정교열** 허지혜

펴낸곳 흐름출판(주) **출판등록** 제313-2003-199호(2003년 5월 28일)
주소 서울시 마포구 월드컵북로5길 48-9(서교동)
전화 (02)325-4944 **팩스** (02)325-4945 **이메일** book@hbooks.co.kr
홈페이지 http://www.hbooks.co.kr **블로그** blog.naver.com/nextwave7
출력·인쇄·제본 (주)성광인쇄 **용지** 월드페이퍼(주) **후가공** (주)이지앤비(특허 제10-1081185호)

ISBN 978-89-6596-539-8 03190